일제침탈사 20
— 바로알기 —

전戰사士가 되어라,

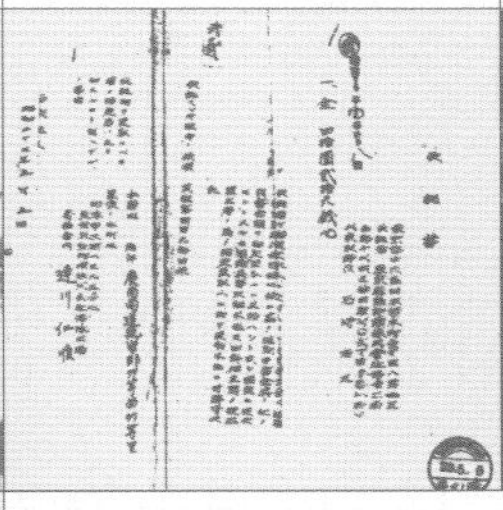

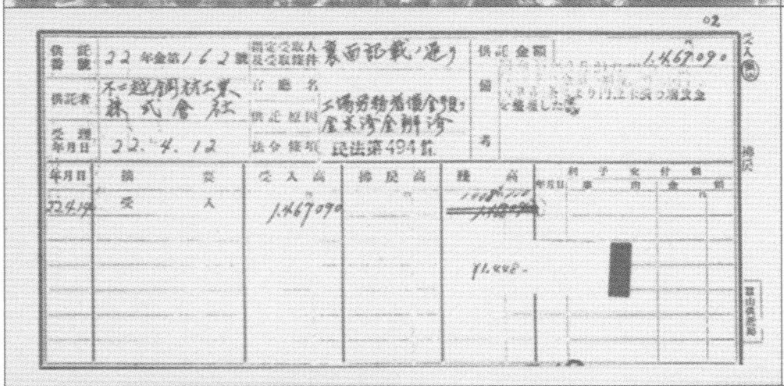

조선여자근로정신대

● 정혜경 지음 ●

동북아역사재단
NORTHEAST ASIAN HISTORY FOUNDATION

발간사

  일본이 한국을 침탈한 지 100년이 지나고 한국이 일본의 지배로부터 벗어난 지 70년이 넘었건만, 식민 지배에 대한 청산은 이루어지지 못하고 있습니다. 일본의 독도영유권 주장은 도를 넘어섰습니다. 일본은 일본군'위안부', 강제동원 등 인적 수탈의 강제성도 인정하지 않고 있습니다. 일본군'위안부'와 강제동원의 피해를 해결하는 방안을 놓고 한일 간의 갈등은 최고조에 이르고 있습니다. 역사문제를 벗어나 무역분쟁, 안보위기 등 현실 문제가 위기국면을 맞고 있습니다.

  한일 간의 갈등은 식민 지배의 역사를 어떻게 볼 것인가 하는 역사 인식에서 기인합니다. 역사는 현재와 과거의 대화이며 이를 기반으로 미래로 나아갈 수 있습니다. 과거 침략의 역사를 미화하면서 평화로운 미래를 말하는 것은 불가능합니다. 식민 지배와 전쟁발발의 책임을 인정하지 않고 반성하지 않으면 다시 군국주의가 부활할 수 있고 전쟁이 일어날 위험성도 배제할 수 없습니다. 미래지향적 한일관계를 형성하고 나아가 동아시아의 평화와 번영의 기틀을 조성하기 위해 일본은 식민 지배의 책임을 인정하고 그 청산을 위해 노력해야 할 것입니다.

  식민 지배의 역사를 청산하기 위해서는 식민 지배는 어떻게 이루어졌는지 그 실상을 명확하게 규명하는 일이 긴요합니다. 그동안 일본제국주의에 맞서 조국의 독립을 위해 헌신한 독립운동가들의 활동을 찾아내고 역사적으로 평가하는 일에는 상당한 성과를 거두었습니다. 반면 일제 식민침탈의 구체적인 실상을 규명하는 일에는 충분한 노력을 기울이지 못했습니다. 제국주의가 식민지를 침탈했다는 것은 너무나 당연한 사실로 여겨졌기 때문에, 굳이 식민 지배에서 비롯된 수탈과 억압, 인권유린을 낱낱이 확인할 필요가 없었는지도 모릅니다. 그러는 사이 일본은 식민 지배가 오히려 한국에 은혜를 베푼 것이라고 미화하고, 참혹한 인권유린을 부인하는 역사부정의 인식을 보이는 데까지 이르고 있습니다. 일제의 통치와 침탈, 그리고 그 피해를 종합적으로 조사하고 편찬할 필요성이 여기에 있습니다.

　일제침탈사를 체계적으로 정리하는 일은 개인이 감당하기 어렵습니다. 이에 우리 재단은 한국학계의 힘을 모아 일제침탈사 편찬위원회를 꾸렸습니다. 편찬위원회가 중심이 되어 일제의 식민지 침탈사를 정치·경제·사회·문화 모든 방면에 걸쳐 체계적으로 집대성하기로 했습니다. 일제 식민침탈의 실체를 파악하기 위해 2020년부터 세 가지 방면으로 사업을 추진하고 있습니다. 하나는 일제침탈의 실상을 구체적이고 생생한 자료를 통해서 제공하는 일로서 〈일제침탈사 자료총서〉로 편찬합니다. 다른 하나는 이들 자료들을 바탕으로 연구한 결과물을 〈일제침탈사 연구총서〉로 간행합니다. 그리고 연구의 결과를 대중들이 이해하기 쉽게 〈일제침탈사 교양총서〉를 '바로알기' 시리즈로 간행합니다. '바로알기' 시리즈는 우리 중학교, 고등학교 학 생들도 어렵지 않게 읽을 수 있도록 제작했습니다. 오랫동안 학계에서 공부해 온 전문가 선생님들이 일제 침탈과 관련된 다양한 주제를 집필해 주셨습니다. 이해하기 쉽도록 해당 주제를 사안별로 나눠 집필해서 가독성을 높였고, 사진과 도표로 충분히 곁들였습니다. '바로알기' 시리즈를 통해 많은 시민과 학생들이 제국주의 일본의 한반도 침탈과 그로 인한 피해 실상을 바로 알 수 있게 되기를 바랍니다.

2023년
동북아역사재단 이사장

차례

발간사 • 2

1. 이겼다! • 6
2. 막상 전쟁을 일으키고 보니 • 9
3. 전쟁 때는 약자를 보호해야 한다고? • 15
4. 탄광·광산에도, 토목·건축 공사장에도 • 21
5. 여자정신근로령, 허구와 모순 • 25
6. 소녀들이여! 특공정신으로 응모하라 • 30
7. 어쩌자고 그 먼 곳에 어린애를 보냈단 말입니까 • 37
8. 특공정신으로 제로센을 만들라 • 43
9. 학교가 아니라 군수공장이었다 - 미쓰비시중공업 나고야항공기제작소 • 46
10. 법에 묻노라 • 52
11. 학교가 아니라 군수공장이었다 - 후지코시강재 도야마공장 • 61
12. 언니에게 데려다준다고 해서 따라나선 것밖에 없습니다 • 68
13. 학교가 아니라 군수공장이었다 - 도쿄아사이토와 후지방적 • 79
14. 방적공장인가, 무기공장인가 • 82
15. 인천육군조병창도, 해군공창도 빠질 수 없다 • 89
16. 죽어서도 선전도구가 된 소녀들 • 92
17. 분노와 슬픔을 참을 수 없었다 • 97
18. 이제야 말할 수 있다? 아직도 말할 수 없다! • 102
19. 소중한 것 - 법정에 새긴 진실 • 105

참고문헌 • 111
찾아보기 • 112

1

이겼다!

2018년 11월 29일, 서울특별시 서초구 대법원 앞에서는 만세 소리가 그치지 않았다. 무슨 만세 소리인가. 양금덕 등 여자근로정신대 피해자들과 이들을 지원하는 시민들이 외치는 만세 소리였다. 이들이 만세를 부른 이유는 대법원 민사2부가 근로정신대 피해자 양금덕 등 5명이 미쓰비시(三菱)중공업(주)을 상대로 낸 손해배상 청구 소송 상고심에서 원고 일부승소 판결을 한 원심을 확정했기 때문이다.

이들이 처음 소송을 제기한 출발점은 영화 〈허스토리〉의 배경이 된 1992년 '부산 종군위안부·여자근로정신대 공식 사죄 등 청구 소송'이었다. 양금덕은 이 재판의 원고이기도 했다. 일본군 '위안부' 피해자 3명과 근로정신대 피해자 7명이 원고로 참여했다. 근로정신대 피해자들이 동원되었던 작업장은 미쓰비시중공업과 후지코시(不二越)강재(주)였다.

이 재판을 지원했던 한일 양국의 시민들과 변호사들은 이 재판을 '관부(關釜)재판'이라 불렀다. 원고들은 고향을 떠나 부산에서 관부연락선을 타고 한 맺힌 대한해협을 건너 종착지인 시모노세키(下關)에 와서 깊은 상처를 받았다. 재판을 받기 위해 다시 이 길을 오가는 동안 소망을 이루는 바람에서 그렇게 부르기로 했다고 한다.

그러나 2003년 일본 최고재판소(한국의 대법원에 해당)에서 최종 패소 판결을 내림으로써 이 재판은 희망의 기회가 되지 못했다. 그렇다고 절망만 가득한 것은 아니었다. 당시 재판정을 움직이기 위해서는 피해자들의 목소리뿐 아니라 관련된 사람의 증언이 절실했다. 이때 일제 말기 대구 달성국민학교의 일본인 교사였던 스기야마 토미(杉山とみ)가 증인으로 출석해 당시 교사로서 경험한 상황을 법정에서 생생히 증언해 주었다.

이후에도 근로정신대 피해자의 소송은 그치지 않았다. 양금덕 등 7명이 1999년 3월 1일 일본 정부와 미쓰비시중공업을 상대로 소송을 시작했으나 2008년 11월 일본 최고재판소는 기각 판결을 내렸다. 패소의 의미였다. 일본 법정이 이들에게 기각 판결을 내린 것은 한일청구권협정과 일본의 식민 지배에 대한 해석이 달랐기 때문이다.

가해국 법정에서 소송의 한계를 느낀 원고들은 한국 법정에서 소송을 시작했다. 2012년 5월 24일 한국의 대법원이 강제징용 피해자의 개인청구권을 인정하는 취지의 판결을 내리자 그해 10월 양금덕 등 미쓰비시중공업에 동원되었던 원고 5명이 광주지법에 손해배상 청구 소송을 제기했다. 이렇게 시작한 소송은 2018년 승소의 감격을 안겨주었다.

후지코시강재를 대상으로 한 소송도 같은 길을 걸었다. 후지코시강재 피해자들도 1992년 9월 30일 도야마(富山) 지방법원에서 소송을 제기해 1998년 일본 최고재판소에서 화해를 이끌었다. 하지만 2003년에 일본 법정에서 소송을 제기했으나 2011년 10월 일본 최고재판소에서 패소했다. 피해자들은 2015년 4월 한국 법정에서 손해배상 청구 소송을 제기해 2019년 승소 판결(고등법원)을 받았다.

이겼다. 모두 이겼다. 만세!

이들의 만세는 1992년 관부재판을 시작한 이후 무려 27년 만에 이룬 쾌거였다. 이들은 손해배상과 함께 일본 정부와 기업의 '사과'를 원했다. 그러나 2023년 현재까지 원고들의 바람은 이루어지지 않고 있다. 일본 기업은 법원 판결에 따르지 않았고, 일본 정부는 한국 법원 판결이 '한일청구권협정 위반'이라며 한국 정부에 책임을 떠넘겼다. 한국 정부는 '법원 판결을 존중한다'는 입장만 거듭하다가 2023년에 갑자기 일본 기업이 지불해야 할 위자료를 대신 지급하겠다고 발표했다. 그러는 동안 많은 피해자가 세월을 이기지 못하고 세상을 떠났다.

1992년부터 이들이 줄곧 일본과 한국 법정에서 투쟁을 벌였던 이유는 바로 일본 당국이 침략전쟁 시기에 소녀들을 군수물자 생산에 동원했던 진실을 알리기 위함이었다.

2

막상 전쟁을 일으키고 보니

1931년 일본 육군은 만주를 침공하고 만주 전역을 장악했다. 아시아태평양전쟁(1931~1945)의 시작이다. 이후 1937년 7월 7일 루거우차오(盧溝橋) 사건을 계기로 중국 본토를 공격해 중일전쟁을 일으키고, 1941년에는 태평양으로 전선을 확대했다.

일본이 중국을 상대로 침략전쟁을 일으켰던 이유는 경제적·정치적 위기 때문이었다. 일본은 1854년 개국과 함께 들어온 자본주의 체제를 안착시키지 못한 상태에서 영토를 확장하고, 인근 국가를 상대로 전쟁을 거듭했다. 전쟁을 수단으로 삼아 국민통합을 이루고, 근대국민국가로 나아가려 한 것이다.

일본은 1869년 아이누(Ainu) 민족이 살던 에조(蝦夷)를 점령해 홋카이도(北海道)로 삼고, 1879년 류큐(琉球) 왕국을 점령해 오키나와(沖繩)로 삼았다. 이후 자국 영토 확대에 만족하지 않고 1894년부터 중국과

구 러시아 제국을 상대로 침략전쟁을 거듭했다. 그러나 취약한 일본의 경제 토대는 전쟁을 수행할 수 없었고, 경제공황의 파고를 넘어서기도 힘들었다. 이러한 상황에서 1931년 만주침략을 감행하며 15년간 침략전쟁에 빠져들었다.

일본 침략전쟁의 역사

에조 점령(홋카이도 설치, 1869) → 대만 침략(1874) → 류큐 왕국 점령(오키나와로 삼음, 1879) → 청일전쟁(대만을 식민지로 삼음, 1894) → 러일전쟁(1904) → 대한제국 강제병합(1910) → 제1차 세계대전(1914) → 러시아혁명 간섭 전쟁(시베리아 출병, 1918) → 중국혁명 간섭 전쟁(산둥 출병, 1927) → 만주침략(만주사변, 1931) → 중일전쟁(7.7사변, 1937) → 태평양전쟁(1941)

아시아태평양전쟁을 일으킬 당시 일본은 장기전을 치를 만한 국력이 아니었다. 인구도 적었고, 물자나 자금, 석유도 부족했다. 이전에 일본이 승리한 청일전쟁과 러일전쟁은 모두 단기전이었다. 기습을 통한 기선 제압 전략이 먹힌 것이다. 제1차 세계대전 당시 일본이 독일령을 공략할 때도 단기전이었다.

그러나 중일전쟁은 달랐다. 중일전쟁 발발 당시 일본 육군 수뇌부는 '3개월 안에 전쟁을 끝낸다'고 호언장담했다. 중국군의 완패를 확신하며 막대한 비용을 들이지 않고 중국을 장악할 수 있다고 생각했다. 중국침략이 육군 대원수인 천황을 기쁘게 하고, 일본 민중이 원하는 길이라 생각했다. 하지만 일본은 전쟁의 수렁에서 빠져나올 수 없었다.

일본 군부나 정부는 중국 국민당 정부의 수도였던 난징(南京)만 점령하면 전쟁이 끝날 것이라 예상했으나 전황은 일본의 예상을 비껴갔다. 1936년 국민당과 공산당이 국공합작 후 대일항전에 나서자 중국의 전력(戰力)은 강해졌다. 아울러 영국과 미국도 각종 무기와 군수물자, 차관을 제공하며 중국 지원에 나섰다. 1938년 10월, 일본군이 우한(武漢) 3진, 즉 한커우(漢口)·우창(武昌)·한양(漢陽)을 점령하고, 1939년 2월 남부 하이난도(海南島)를 차지한 후 전선은 고착되었다. 일본군은 갑자기 넓어진 전선을 감당하기 힘들었고, 중국 내륙까지 물자와 무기를 공급하기 버거웠다.

식사문제도 중요했다. 당시 유럽과 미국은 야전 취사차를 도입해 병사들에게 따뜻한 음식을 제공했고, 미군은 즉석에서 아이스크림을 만들어주는 기계차도 운영했다. 그러나 일본군은 병사 개개인이 휴대하는 반합으로 취사를 했다. 식량이나 연료는 제공하지도 않았다. 현지 보급방침을 적용해 스스로 해결하도록 했다. 민가에서 약탈하라는 것이었다.

보병 제33연대 소집병이었던 다카시마(高島)의 일기에서 처량하기 짝이 없는 모습을 볼 수 있다.

> 1937년 11월 17일: 비는 내리고 밥통으로 취사하는데 땔나무가 없다. 닥치는 대로 집을 부수어 불을 땠다.
> 1938년 9월 21일: 문이나 가구를 부수면 양민이 곤란하겠지만 땔나무가 없으면 밥을 지을 수가 없으니 어쩔 수 없다.

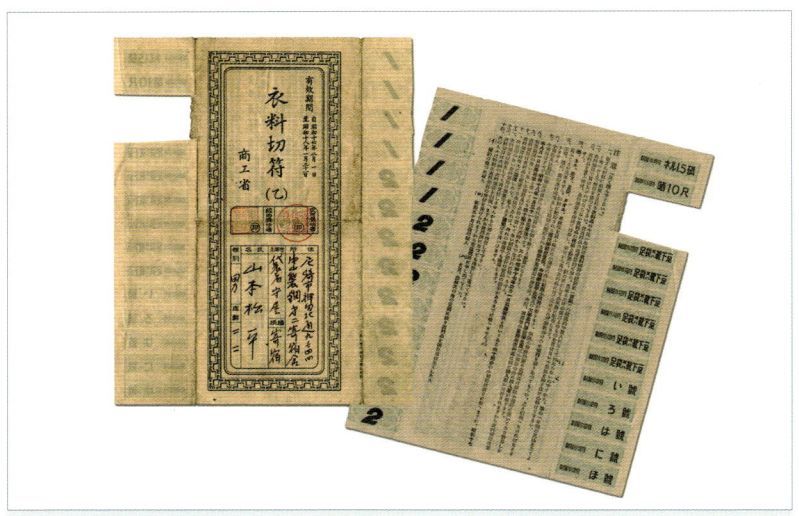

의료(衣料)배급표. 한 장씩 떼어서 사용하도록 구성
- 출처: 국무총리 소속 일제강점기 강제동원 피해조사 및 국외 강제동원 희생자 등 지원위원회, 2012, 『조각 난 그날의 기억』, 82쪽

간장과 된장을 통제해 배급한다는 신문기사
- 출처: 『매일신보』, 1942년 8월 12일 자

일본 병사들은 닥치는 대로 민가를 부수고 식량을 약탈했으나 중국 전선에서 절반이 굶어 죽었다. 아시아태평양전쟁에서 전사한 일본군 230만 명 가운데 절반 이상을 광의의 아사자로 추정한 일본 학계의 연구가 있다.

만주침략 당시 일본 민중은 군부에 열렬한 지지와 성원을 보냈으나 중국 전선이 고착되자 이내 돌아섰다. 일본 민중은 일본의 명예와 영광 그리고 평안하고 안락한 일상을 기대했으나 전쟁은 이들의 삶을 나락으로 떨어뜨리고 희생을 요구했다. 당국이 전 국민을 대상으로 배급제도를 실시하여 매달 정해진 양만 살 수 있었다. 식량과 설탕, 간장 등 먹거리는 물론 양말, 수건 등 일용품이 배급의 대상이었다.

이런 상황에 이르자 일본 군부도 깊게 고민할 수밖에 없었다. 난징 함락 후 중국 국민당 정부가 항복을 거부하고 충칭(重慶)으로 수도를 옮기며 장기전에 들어가자 일본 군부(참모본부)는 전쟁 중단을 고민하였다. 그러나 고노에 총리는 일본의 대외 이미지와 경제가 타격 받을 것을 우려해 육군성의 편을 들고 말았다.

장기전을 결정한 일본 육군은 일본 제국의 민중, 물자, 자금 등 전 영역을 전쟁에 동원하는 시스템을 강요했다. 그래서 탄생한 것이 1938년 2월 만주국에서 시작해 4월 일본에서 제정한 국가총동원법이다. 국가총동원법 제정으로 일본 정부는 제국의회 승인 없이 인적·물적·자금을 통제하고 운용할 수 있게 되었다.

국가총동원법 제정으로 조선의 민중도 그 사슬에서 벗어날 수 없게 되었다. 일본 국가권력이 국가총동원법 조문에 '일본과 조선, 대만, 남양청(현재 중서부 태평양 통치기구), 관동청(현재 중국 본토 통치기구)'이라고 명시했기 때문이다. 국가총동원법 제33조에는 '명령에 불복(不服) 또는 기피할 경우 3년 이하의 징역 또는 5천 원 이하의 벌금' 규정도 있었다.

그렇다면 일제는 얼마나 많은 조선인을 동원했을까.

국무총리 소속 대일항쟁기 강제동원 피해조사 및 국외 강제동원 희생자 등 지원위원회(이하 구 강제동원위원회, 2015년 12월 폐지)가 산출한 인력 동원 피해 규모는 7,804,376명, 이 가운데 노무자는 7,534,429명이다. 780만 명은 중복동원이 포함된 규모이다. 피해자 1인이 여러 차례 동원되기도 했기 때문이다. 실제로 동원된 인원은 약 200만 명 정도로 추산하지만, 물적 피해와 자금통제 피해 규모는 가늠하지도 못하고 있다.

3
전쟁 때는 약자를 보호해야 한다고?

　일본은 국가총동원법 공포 후 각종 법령을 만들어 물자와 자본, 그리고 인력 등을 전쟁에 동원했다. 특히 조선에서는 남녀노소를 가리지 않았다. '여성'이라는 말을 붙일 수도 없는 어린애들까지 포함했다. 이들을 동원하기 위해 법령을 새로 만들거나 개정했다.

여성을 동원하기 위한 법령과 결정, 지시

- 1938년 9월 의료자관계직업능력신고령 시행
- 1939년 1월 국민직업능력신고령 시행
- 1940년 10월 청년국민등록 실시
- 1941년 4월 조선총독부, 여자광부갱내취업허가제 시행(조선에서만)
- 1941년 10월 청장년국민등록 실시
- 1941년 12월 국민근로보국협력령 시행

- 1943년 9월 차관회의 결정, '여자 근로동원 촉진에 관한 건'
- 1943년 10월 후생성 노동국장, 각 도도부현(都道府縣) 지사에게 '여자 근로동원 촉진에 관한 건' 하달
- 1944년 2월 국민직업능력신고령 개정
- 1944년 3월 각의 결정, 여자정신대제도강화방책요강
- 1944년 8월 여자정신근로령 시행
- 1944년 11월 후생차관 통첩, '여자 징용 실시 및 여자정신대 출동 기간 연장에 관한 건' 하달
- 1945년 3월 국민근로동원령 공포

    법령 대부분은 일본에서 만들어 조선에 적용했는데, 1941년 4월에 조선총독부가 제정한 여자광부갱내취업허가제는 조선에만 적용하였다. 이같이 일본은 침략전쟁을 일으킨 후 여성을 강제동원의 소용돌이로 몰아넣었다.

    전쟁이 일어나면 약자는 자신을 지킬 수 없다. 그러므로 가능한 한 약자들을 전쟁으로부터 보호해야 한다. 그러나 일본은 약자인 여성을 지켜주지 않았다. 아니 지키려 하지 않았다. 일본은 제국주의의 대열에 나서며 여성을 전쟁에 필요한 소모품으로 여기기 시작하였다. 이 시기를 기준으로 일본 당국의 여성 동원정책은 크게 4단계로 구분된다.

    제1단계는 메이지(明治) 시대부터 시작한 여성의 출산 통제정책이다. 메이지 정부는 서구 열강에 대항하기 위해 부국강병을 기조로 삼았다. 당시 일본은 낙태와 마비키('솎아내다'라는 뜻으로 자식이 많거나 생활고로 갓난아이를 죽이는 일본 근세 농촌의 풍습) 때문에 유럽보다 사산율이 높았다. 낙태와 마비키를 도운 이들은 출산을 돕는 산파였다. 산파는 해산을 돕

는 것 외에 산모 가족의 요청에 따라 낙태와 영아 살해도 도왔다. 빈곤이 낳은 가슴 아픈 현실이었다.

그러나 부국강병을 위해 인구 증강이 중요하다고 여긴 메이지 정부는 유럽의 법 제도를 모방해 낙태죄를 제정하면서 서구 의학과 산과학(産科學)을 도입해 출생 증강을 노렸다. 이에 따라 1868년 12월 산파에게 낙태를 금하는 태정관(太政官) 포고를 내렸고, 1874년 문부성(한국의 교육부에 해당)은 산파의 자격을 정하고 면허제로 변경했다. 하지만 1882년까지 낙태는 금지가 아니어서 산파의 도움 없이 혼자서 낙태를 시도한 여성은 벌을 받지 않았다.

일본 정부와 사회가 인구 증강에 적극적으로 나서게 된 계기는 바로 청일전쟁이었다. 일본은 청일전쟁 승리 후 1895년 4월 17일 시모노세키에서 청나라와 강화조약을 체결했다. 이 조약으로 일본은 대만과 펑후(澎湖) 열도, 그리고 랴오둥(遼東)반도를 차지했다.

그러나 구 러시아 제국과 영국, 프랑스 등이 랴오둥반도 반환을 요구하자 일본은 5월 4일 내각회의(각의)에서 이를 포기했다. 이 과정에서 일본 정부는 냉혹한 현실을 직시하며 국력 양성에 힘을 기울였다. 특히 국력의 일면인 병력에 대해 '5만 명의 군인이 있었다면 랴오둥반도를 내주지 않았을 것'이라며 아쉬움을 드러냈다.

아쉬움은 러일전쟁 직후 더욱 커졌다. 1907년 3월 구레 아야토시(吳文聰)는 『국가의학회잡지』에 '대체로 사람이 많은 쪽이 이기고', '일본에는 사산아가 15만 명이나 되는데 무사히 출산하도록 한다면 적어도 7만 명은 살아남을 수 있다. 7만 명이 살아남는다면 10년 후 한판 전쟁을 벌일 수 있다. 평화 전쟁에서도 7만 명이 있다면 만주에 가도 세력을 얻을 수 있는 밑천이 된다'고 썼다. 7만 명은 러일전쟁에서 죽거나 다친(死傷) 일본군 숫자이다. 이러한 주장은 '병사가 많이 죽더라도 새로운 병사가 태어나면 된다'는 발상이었다. 지독한 생각이 아닐 수 없다.

이러한 분위기가 반영되었는지 일본 정부는 1899년에 사산율을 줄이기 위해 산파규칙을 공포하였다. 1907년에는 형법을 개정하면서 낙태죄를 엄격하게 규정했다. 낙태죄의 징역 연한을 늘리고, 낙태에 관여한 산파나 의사도 처벌하도록 했다.

제2단계는 1931년 이후 '군국의 여성'을 강요하는 단계이다. 일본 육군이 일으킨 만주침략은 침략전쟁의 도화선이었다. 이 전쟁을 시작으로 15년간 아시아태평양전쟁에 돌입했다. 바로 총동원전쟁, 총력전(guerre totale)이다. 총력전이란 식민지를 포함한 제국의 모든 인력과 물자, 자금 등을 총동원하는 전쟁이다. 제1차 세계대전이 병사 간의 전투가 중심이었다면, 이후의 전쟁은 병사를 포함한 전 국민과 국력을 총집결하는 전쟁이었다. 총력전을 벌이기 위해서는 많은 탄약과 연료, 군수품 등을 장기간 안정적으로 조달할 전비와 국력, 무기를 생산할 과학 기술 등이 갖춰져야 한다. 또 안정된 국내 정치, 뛰어난 외교력, 그리고 무엇보다도 국민이 전쟁을 감수할 의지가 있어야 한다.

제2단계에서 여성의 역할은 사산율 줄이는 것을 넘어 건강한 남자아이를 출산해 국가에 바치는 것이다. 여성이 전쟁에 직접 참여하지 못하지만 후방에서 승리를 위해 노력한다는 '총후보국'을 요구했다. 아울러 건강한 남자아이를 중요하게 여기는 사회적 분위기는 '우량아 선발대회'로 이어지며 1938년 후생성 체력국이 모자보건문제를 담당했고, 1941년에는 인구국을 설치하고 모자과(母子課)도 두었다. 또 1941년

10월 후생성은 각 지방장관 앞으로 남성 25세, 여성 21세까지 결혼을 장려하는 차관통첩을 내려 건강한 남자아이를 출산하도록 했다.

제3단계는 1939년 이후 여성 노동력의 활용이다. 1939년을 기점으로 중일전쟁이 난항에 빠지자 일본군은 전황을 타개하기 위해 더 많은 병력을 중국 전선으로 보냈다. 그 때문에 일본 남성의 입영으로 노동력 부족이 심각해져 유휴 노동력으로 여기던 여성 노동력을 활용하기 시작했다. 군수공장은 물론 탄광이나 광산에서도 여성 노동력은 절실했다. 당국은 근로봉사와 근로보국의 기치를 높이 들고, 여성을 가정에서 일터로 끌어냈다. 조선에서도 마찬가지였다. 당시 조선총독부의 홍보사진에는 하얀 머릿수건을 두르고 발전소나 철도공사장에서 일하는 여성의 모습을 볼 수 있다.

이런 상황에서도 '건강한 남자아이를 나라에 바친다'는 역할은 줄어들지 않았다. 1943년 11월 후생성이 정한 여자근로관리지침은 '어머니

노무동원 관련 법령의 나이 규정

- 1938년 6월 국민근로보국대실시요강: 20~40세 남녀
- 1941년 국민징용령: 16세 이상 25세 미만 미혼 여성[청장년 국민등록]
- 1941년 노무조정령: 남(14~40세 미만), 여(14~25세 미만)
- 1941년 국민근로보국협력령: 남(14~40세 미만), 여(14~25세 미만)
  - 1941년 11월: 남(14~40세 미만), 여(14~25세 미만)
  - 1943년 12월: 남(14~50세 미만)
  - 1944년 11월: 남(14~60세까지), 여(14~40세, 배우자 없는 여성)
- 1944년 8월 여자정신근로령: 만12세 이상 40세 미만 미혼 여성
- 1945년 3월 국민근로동원령: 남(12~60세 미만), 여(12세~40세 미만)

역할에 지장이 없도록 하기 위한 것'이었다. 1942년과 1943년 조선총독부 기관지인 『매일신보』의 가정란에는 아들을 훌륭한 군인으로 길러낸 어머니를 예찬하는 기사가 넘쳐났다.

    제4단계는 1944년 이후 여성 노동력의 적극 활용이다. 이를 위해 여성 동원의 나이를 대폭 낮췄다. 그리고 관 알선 지도에 따라 조선여자근로정신대로 동원했다. 바로 2018년 11월 한국 법정에서 만세를 불렀던 할머니들이 인생 역정을 겪게 된 바로 그 제도였다.

4
탄광·광산에도, 토목·건축 공사장에도

일본이 국가총동원법을 공포한 후 가장 먼저 여성을 동원한 것은 근로보국대라는 방식이었다. 근로보국대란 1938년 조선총독부 지시로 운영한 노무동원 방식이다. 1937년 중일전쟁을 일으킨 일본은 예상과 달리 전쟁이 장기전으로 이어지자 중국 전선으로 신속히 물자와 식량을 보급하기 위해 조선인들에게 더 많은 희생을 강요했다.

일본은 군수물자 생산에 필요한 전기를 생산하기 위해 압록강과 두만강에 대규모 발전소 공사를 시작하는 한편, 물자와 식량을 수송하는 철도와 항만 공사도 벌였다. 하지만 당시 조선 민중은 일본이나 남사할린, 만주 등으로 강제동원되어 한반도에는 대규모 토목공사에 동원할 노동력이 없었다. 그래서 일본이 생각한 것이 근로보국대 제도였다.

「국민정신총동원의 실천」

— 출처: 『동아일보』 1938년 6월 28일

조선총독부는 1938년 6월 26일 내무부장이 도지사를 상대로 통첩을 발동하고, 6월 28일 근로보국대 실시요령을 발표한 후 7월 1일 내무부장이 각 부윤(府尹), 군수 등에게 통첩(국민정신총동원근로보국운동에 관한 건)을 하달했다. 근로보국대를 결성하라는 내용의 지시와 통첩이었다.

근로보국대는 도·부·군·도·읍·면(道·府·郡·島·邑·面) 행정단위로 지방조직을 결성하고, 아래로 정동회(町洞會)·부락 단위로 조직했다. 국민정신총동원연맹, 농촌진흥단체, 청년단, 부인회, 학교 등을 중심으로 하며, 형무소 직원과 수인(囚人)으로 조직한 형무소보국대, 맹아원 등도 있었다. 명칭도 청년근로봉사대, 노동봉사대(청년), 부인노동단, 이앙단, 노동봉사대(여성), 학교근로보국대, 아동근로보국대(학생) 등 다양했다.

여성은 청년근로봉사대, 노동봉사대, 부인노동단, 이앙단, 노동봉사대, 학교근로보국대, 아동근로보국대 등 모든 근로보국대 동원 대상에서 빠지지 않았다. 1938년에는 동원 대상을 '20~40세 남녀'로 했으나 1941년에는 남자 14~40세 미만, 여자 14~25세 미만, 1945년에는 12세부터 동원할 수 있도록 확대했다.

그러나 이마저도 지키지 않았다. 1945년 이전에 열 살 소녀는 신제주목석원 부근 공사장에서 매일 군사용 지하 토굴을 파고 흙과 돌을 날랐다. 당시 5천여 곳이었던 한반도의 탄광·광산도 여성들의 강제노역장이었다. 1941년 4월 조선총독부는 갱내작업을 금기하던 조선의 관습을 깨기 위해 여자광부갱내취업허가제를 제정했다. 여자광부갱내취업허가제는 광부노무부조규칙 특례 규정이었다. 조선총독부 기관지인 『매일신보』는 4월 19일 법 제정에 즈음하여 조선총독부 식산국장과 내무국장의 담화를 실었다.

「여자도 광업전사로」
- 출처: 『매일신보』 1941년 4월 19일 자

종래 광산의 갱내 취로 원칙은 14세 이상의 남자만 허가했고, 여자는 금지했는데, 작금의 정세와 업계의 요망에 따라 특별한 사정이 있는 광산에서는 조선 총독의 허가를 받아 만 16세 이상의 여자에게 갱내작업을 시킬 수 있도록 함에 따라 19일부로 이를 발표하고 즉일부터 시행하기로 되었는데, 여자의 갱내 취로에 대하여는 보건, 위생, 풍기 등의 견지나 작업의 종류와 장소에 대하여 남자와 똑같은 취급을 하기 곤란한 사정이 있다. 그러므로 이 같은 특수사정에 대해서는 충분히 고려하기로 되었는데, 하여간 이 제도를 실시함으로써 이제 광산 노무 정세는 상당히 완화될 줄로 믿는 바이다.(현대문 - 인용자)

담화의 취지는 한마디로 '이제부터 여자도 갱으로 들어가라!'는 것이다. 기사 제목에서 여성을 '광업 전사'로 표현했는데, '광업 전사' 운운하는 기사는 이후에도 계속 볼 수 있다.

5
여자정신근로령, 허구와 모순

　여자근로정신대를 동원한 근거 법령은 여자정신근로령이다. 일본 정부는 이 법령을 1944년 8월 23일 공포했고, 그해 9월 16일 일본 이시카와(石川)현에서 결성된 여자정신대 제1진 150명이 도요카와(豊川) 해군 공창에 입소하기 위해 출발했다. 이 내용을 보면, 이전에는 여자정신대 또는 여자근로정신대라는 이름으로 동원한 적이 없어보인다. 그러나 그렇지 않다. 1944년 초부터 여자정신대라는 이름으로 동원되었으며, 동원 준비작업은 1943년부터 시작되었다.

　1943년 9월 당국은 '여자 근로동원 촉진에 관한 건'을 통해 자주적 단체로서 여자정신대 결성을 추진했다. 일본 차관회의는 9월 21일에 여자근로정신대제도를, 일본 내각은 9월 23일에 국내필승근로대책을 결정했다. 국내필승근로대책이란 '17개 직종에 남자취업을 금지하고, 25세 미만 미혼 여성을 근로정신대로 동원한다'는 것이었다. 이러한 분위기에 따라 10월 7일 조선총독부 사정국 노무과장은 '국민학교·여학교·여자전문학교 출신자로서 14세 이상 미혼 여성을 전면 생산전에 진출하도록 활동을 개시'한다고 발표했다.

1944년 1월 8일, 용산에서는 관내 요리영업과 관련된 만 16세 이상의 종업원들로 특별여자청년정신대를 결성했다. 3월 20일에는 평양여자근로정신대 제1대가 군 소속 공창으로 출동했다. 4월 4일에는 제2대가 같은 곳으로 출동했다. 5월 8일에는 인천고등여학교와 소화고등여학교 학생들을 제1회 동원 생도라는 이름으로 인천육군조병창에 동원했다. 5월 9일, 6월 8일, 7월 2일에는 각각 여자정신대 경남반과 경북여자정신대, 그리고 경기도여자정신대가 도야마현의 후지코시강재로 출발했다. 미쓰비시중공업 나고야항공기제작소로 출발하는 여자근로정신대원들도 1944년 6월 12일 전남여자근로정신대를 필두로 속속 고향을 떠났다. 5월 18일에는 경성부윤과 경기도 광공부장, 국민학교장 등 200여 명이 덕수국민학교에 모여 '여자근로정신대 동원을 위한 구체적 시책'을 협의하기도 했다.

이들이 여자정신대라는 이름으로 출동한 시기는 모두 여자정신근로령 공포 이전이다. 결국 여자정신근로령이란 그간 이미 시행 중이던 여자근로정신대제도의 법적 근거와 강제력을 부여하기 위해 만든 법이었다.

1944년 8월 26일 자 『매일신보』를 통해 시오다(塩田) 광공국장은 여자정신근로령에 대한 당국의 입장을 상세히 설명했다. 기사에서 '명령에 복종치 않는 자는 법에 따라 처벌한다'는 부분이 눈에 띈다. 강제로 동원한다는 의미다. 또 시오다 국장은 '조선에서는 금방 실시되지 않는다'라고 했으며, '13종'의 기술자로 한정한다고 했다. 그러나 조선에서는 이미 실시하고 있었고, 동원된 조선 소녀들은 아무 기술도 없는 어린 이일 뿐이었다. 조선총독부 국장이 신문에 대고 거짓말을 한 것이다.

문: 여자정신근로령이라는 법령이 공포되었는데, 내용은?
답: 본년 8월 22일부로 공포된 여자정신근로령은 국가총동원법에 기초한 국민의 근로 협력에 관한 칙령이고, 종래 내지에서는 사실상 행해져 온 여자정신대제도에 법적 근거를 부여한 것입니다. 대상은 국민등록자인 여자로 되어 있습니다. 즉 일본에서는 12세 이상 40세 미만의 배우자 없는 여자입니다. 조선에서는 특수 기술노무자를 제외하고, 일반적으로 여자는 등록하지 않기 때문에 현재로는 금방 실시되지 않습니다. 출동 기간은 대개 1년입니다. 출동 방법은 지방장관이 시정촌장, 기타 단체장 또는 학교장에게 대원 선발을 명하고, 그 결과를 지방장관에게 보고합니다. 지방장관은 그 보고에 따라 대원을 결정하고, 당사자에게 정신근로령서를 교부합니다. 출동은 대조직에 따르게 되어 있습니다.
문: 앞으로 조선에서 여자정신근로령은 내지와 동일하게 할 방침입니까?
답: 여자정신근로령은 조선에서도 시행되고 있는데, 조선에서는 앞에서 말한 바와 같이 일반 여자를 등록하지 않기 때문에 그 대상이 되는 것은 국민등록의 요신고서인 13종의 여자 기능자인 기술자만 해당됩니다. 따라서 해당하는 자는 아주 적습니다. 금후에도 여자를 동원할 경우, 여자정신근로령 발동에 따를 생각은 현재 가지고 있지 않습니다. 지금까지 조선의 여자정신대는 모두 관의 지도알선에 의한 것이고, 내지의 근로 관리가 가장 훌륭한 시설이 정비된

비행기공장 등으로 가고 있습니다. 이 공장은 공장인지 학교의 연장인지 알 수 없을 정도로 훌륭한 곳입니다. 이후로도 관의 지도알선을 방침으로 할 심산입니다. 그러나 전국의 추이에 따라서는 여자동원도 강화해야만 하는 시기가 올 것으로 생각합니다. 국민은 이 각오만은 가지고 있지 않으면 안 됩니다.

문: 여자정신근로령을 실시하는 취지는?

답: 일할 수 있는 자는 남녀 구별 없이 모조리 생산 전사가 된다는 숭고한 국민개로 정신 아래에서 철벽같은 여자 근로 태세를 정비한 다음, 여자들의 씩씩한 힘을 생산 증강에 더욱 효과적으로 집결시킬 것을 목표로 한 다음, 그것에 새로이 법적인 근거를 두어 여자 근로자들의 급여, 대우, 후생시설 등에도 만전을 꾀하기로 한 것입니다.

문: 조선의 여자 근로는 어째서 필요한가?

답: 싸움이 한층 고조됨에 따라서 남자는 제일선의 군무(軍務) 또는 전쟁이 직접 필요한 중요 산업부문으로 동원되어 차츰 근로 자원의 질과 양이 부족해지고 있습니다. 이런 때 남자를 대신해서 여자들이 용감하게 직장으로 진출해 생산 증강에 돌격하는 것은 가장 숭고한 의무입니다.

문: 종래에 조선에서는 여자동원을 어떠한 방법으로 실시하여 왔는가?

답: 본인이 자진하여 일터로 나오는 것은 말할 것도 없고, 그 외에 관청에서 알선·장려하는 여자추진대의 국민근로보국협력령에 의한 근로보국대가 있었습니다.

문: 어떠한 일에 종사하게 되는가?

답: 총동원 물자의 생산, 수리, 배급, 보관 등 여자에 적당한 업무입니다.

문: 본령에 의한 정신대에 까닭 없이 참가하지 않는 자는 어떻게 되는가?
답: 처음에 정신근로령서의 백지가 교부되는데, 그것을 받고도 출동치 않는 자에 대해서는 정신근로령서가 계속하여 교부되고, 그래도 명령에 복종치 않는 자는 국가총동원법에 따라 1년 이하의 징역 또는 1천 원 이하의 벌금에 처합니다.(*굵은 표시-필자)

이 법이 규정한 동원 대상은 12세 이상~40세 미만의 미혼 여성이었다. 이 범위에 들지 않더라도 '지원'이 가능했다. 법령에는 12세 이상이라고 했지만, 구 강제동원위원회에서 피해자로 판정한 이들 가운데는 채 12세가 안 되는 10~11세 어린이도 14명이나 있었다.

당국은 1944년 8월 법령을 공포하기 전부터 이미 시행 중이던 여자근로정신대제도의 법적 근거를 마련하기 위해 노력했다. 1944년 6월 7일 일본어로 발간되었던 조선총독부 기관지 『경성일보』는 '여자정신대를 근로 협력으로, 필요에 따라 외지에서도 실시'라는 제목의 기사를 실었다. 기사에서 말하는 '외지'는 일본 외 조선이나 대만, 중국 등을 의미한다. 이러한 기사는 1944년 6월 21일 일본 차관회의가 '여자정신대 수입 측(受入側) 조치 요강'을 결정하는 등 일본 정부가 여자근로정신대의 법적 근거를 마련하는 배경이 되었다.

6
소녀들이여! 특공정신으로 응모하라

　여자정신근로령이 공포되기 이전인 1944년 6월 10일, 조선총독부의 다나카(田中) 정무총감은 여자정신대 동원을 강조하는 지시를 내렸다. 이 내용은 『매일신보』에 '여자정신대, 징용이 아니다'라는 제목으로 실렸다.
　1944년 8월 26일, 『매일신보』 3면은 시오다 광공국장의 인터뷰['거룩한 황국 여성의 손, 생산력에 남자와 동렬(同列)-여자근로령 조선에서 실시']를 실었다. 이 기사 외에도 여자근로정신대제도 실시 관련 기사가 3면의 절반 이상을 차지했다.
　『매일신보』는 당국의 정책을 상세히 소개하고 홍보하는 조선총독부 기관지였다. 이 기사가 실린 배경은 바로 8월 23일 일본 정부가 칙령 제519호로 공포한 여자정신근로령 때문이었다.
　당국은 여자정신대 동원을 독려하기 위해 신문 지면을 적극적으로 활

「여자정신대를 근로협력에」

— 출처: 『경성일보』 1944년 6월 7일 자

「거룩한 황국 여성의 손, 생산력에 남자와 동렬(同列)-여자근로령 조선에서 실시」

— 출처: 『매일신보』 1944년 8월 26일 자

여자근로정신대 지원을 독려하는 기고문 형식의 기사

- 출처: 『경성일보』 1945년 1월 25일 자

경성부가 『매일신보』와 『경성일보』에 낸 여자근로정신대 모집 광고

- 출처: 『경성일보』 1945년 1월 26일 자, 『매일신보』, 1944년 6월 29일 자

용했다. 경성부는 6월 29일 『매일신보』에 모집 광고를 냈다. 경성부의 광고는 1945년 1월 26일 『경성일보』에서도 찾을 수 있다. 1945년 1월 25일에는 『매일신보』에 기고문 형식의 기사도 실었다. 1945년 1월 25일 자 기사는 '발랄한 정신대'에게 '특공정신으로 응모하라'고 요구했다. 인천

부에서도 광고를 냈다.

조선총독부 기관지들은 '정신대 지원자가 쇄도하고 있다'고 선전했다. 지원자가 많아서 대상자 선발을 위한 전형을 실시한다는 선전기사도 실었다(『매일신보』 1944년 6월 15일, 6월 24일).

모두 거짓말이었다. 당국은 '오라, 직장은 여성을 부른다'는 강렬한 구호를 내걸었으나 인원수를 채울 수 없었다.

그러자 당국은 강도를 높이며 발 벗고 나섰다. 『매일신보』는 1945년 3월 3일 자에 '여자정신대로 나오라'는 사설을 실었다. 이제는 단순한 선전이 아니라 압박이었다. '일본 여성들에게 지지 말고 특공정신으로 응모하라'고 이상한 경쟁심을 부추기며 독려했다. 할당을 못 채운 지역에서는 군청과 면 직원이 합세했고, 마을 이장도 나섰다. 평소 마을 사정을 잘 아는 이장은 '누구네 집에 딸이 있소!' 하며 길잡이를 했다. 6학년 여학생 전원을 대상으로 제비뽑기를 한 학교도 있었다.

가족의 반대는 심했다. 어린 나이에 타국에 가야 하는 것을 가장 걱정했다. 부모들은 '정신대는 곧 소녀 공출'이라는 소문을 우려했고, 공습에 대한 두려움도 컸다. 그러나 학교의 압박을 피하지 못하거나 상급학교에 진학하고 싶었던 아이들은 부모를 설득하거나 부모 몰래 동의서에 도장을 찍어 제출했다. 가족은 막아서며 저항했다.

딸을 보내지 않으려는 가족의 저항이 멈추지 않자 공권력이 나섰다. 경찰은 역 앞에서 딸을 데려가려는 아버지의 손을 비틀며 안 가면 징역을 살아야 한다며 엄포를 놓았다. 단순한 협박이 아니었다. 시오다 국장이 밝힌 '1년 이하의 징역이나 1천 원 이하의 벌금'은 매우 중한 벌이었다. 이 벌을 감당할 소녀가 어디 있겠는가. 중벌을 감당할 수 없었던 아

도쿄아사이토 여자근로정신대 홍보 기사
- 출처: 『매일신보』 1944년 3월 16일 자

「싸우는 반도여자정신대」
- 출처: 『매일신보』 1944년 10월 30일 자

이들은 고향을 떠났다.

역 앞에서 아이들을 구하지 못한 군산의 일부 부모들은 직접 딸들을 따라 도야마에 있는 후지코시강재 공장까지 갔다. 공장 앞에서 챙겨간 쌀과 고기로 밥을 해 먹인 후에야 돌아섰다. 그렇게 귀한 딸이었다. 전쟁이 끝나자 이들은 다시 딸들을 데리러 도야마에 왔다. 그뿐 아니었다. 일부 부모들이 배를 직접 수배해 아이들을 데리러 간 사이, 다른 부모들은 고향에서 일본인 교장과 교사들의 귀국길을 막아섰다. 졸업장을 주지 않고서는 조선을 떠날 수 없다며 아이들이 도착하기를 기다렸다. 아

김희경이 후지코시강재로 동원되기 전 덕수국민학교의 교사와 부모들이 함께 촬영한 사진
- 출처: 국무총리 소속 일제강점기 강제동원 피해조사 및 국외 강제동원 희생자 등 지원위원회, 2012, 『조각 난 그날의 기억』, 62쪽

미쓰비시나고야항공기제작소로 동원된 박해옥의 단체 사진에 나타난 사감의 위압적인 모습
- 출처: 국무총리 소속 일제강점기 강제동원 피해조사 및 국외 강제동원 희생자 등 지원위원회, 2012, 『조각 난 그날의 기억』, 64쪽

이들이 무사히 돌아오자 다음날 학교로 데려가 졸업장을 받아냈다. 교장과 교사는 고개 숙여 사과하며 졸업장을 주었다.

당국은 금쪽같은 조선의 딸과 부모들을 속였다. 시오다 국장은 매일신보사와 대담에서 '비행기공장은 공장인지 학교의 연장인지 알 수 없을 정도로 훌륭한 곳'이라고 선전했다. 거짓말이었다. 그곳은 '훌륭'이라는 단어를 붙일 수 없었다. 학교 같은 것은 아무 데도 없었다. '감격의 투혼'을 보내는 소녀들 이야기나 '가정 같은 기숙사에서 지내는 행복한' 소녀들의 사진도 신문에 대문짝만하게 실렸다. 그러나 교사와 경찰이 둘러싼 출발 당시 사진과 공장의 단체 사진 속 소녀들의 표정은 행복이 아닌 두려움만 가득했다.

7

어쩌자고 그 먼 곳에
어린애를 보냈단 말입니까

"어쩌자고 그 먼 곳에 어린애를 보냈단 말입니까."

일제강점기에 대구에서 교사 생활을 했던 스기야마 토미가 동료 교사에게 했던 말이다.

2022년 8월 19일부터 26일까지 『아사히신문』 연재 기사의 주인공은 101세를 맞은 스기야마 토미였다. 1921년 전남 영광군 영광면에서 태어나 교사로 지냈던 스기야마 토미는 부친의 고향이 도야마현이었지만 도야마를 고향이라 생각한 적이 없었다. 나중에 죽으면 자신의 영혼은 반드시 한반도로 돌아갈 것이라 믿고 있다. 한반도에서 난 것을 먹고, 한반도의 공기를 마시면서 성장했기 때문이다.

스기야마 토미의 인터뷰는 참회와 반성으로 가득했으며, 자신을 '정신적 전범'이라 고백하기도 했다. 그는 조선에서 살면서 조선인을 해코지하거나 차별하지 않았지만 교사로서 황민화와 군국교육을 수행했다.

그래서 일본에 돌아간 후에도 조선 아이들을 일본인으로 만들려 했다는 죄의식에 괴로워했고, 속죄하는 활동도 했다. 하지만 2018년 6월 한국에서 개봉한 영화 〈허스토리〉에서 스기야마 토미의 모습은 어린 학생을 후지코시강재로 보낸 잔혹한 가해자로 묘사됐다.

정말 그럴까. 스기야마 토미의 진정한 모습은 무엇일까. 그가 2007년부터 3년간 했던 인터뷰 내용으로 들어가 보자.

"제가 조선에서 태어난 것은 부모님이 조선에 건너가 전남 영광에서 과수원을 시작했기 때문입니다. 그런데 영광면에는 일본 아이가 다닐만한 학교가 없어 1923년 경북 대구부로 이사했습니다. 처음에는 고물상을 하다가 이후 모자상점을 하며 살았습니다. 고객 가운데는 조선인도 많았습니다. 당시에는 조선의 남자들도 당연히 모자를 쓰고 살았으니까요.

저는 1939년에 대구공립여학교를 졸업하고, 경성여자사범학교 연습과를 졸업한 후 대구 달성국민학교에 부임했습니다. 4학년 남녀학급의 담임이었습니다. 학교에서는 아이들과 너무도 잘 지냈습니다. 배급이 끊겨 설탕을 먹지 못하는 아이들을 위해 설탕을 구해다가 학교에서 사탕을 만들어 입에 넣어주기도 했습니다. 우리 집은 상점을 하니 아무래도 그런 물건은 풍족했지요. 소풍날이 되면 어머니에게 계란말이도 많이 만들어달라고 해서 아이들과 함께 나눠 먹었습니다. 솔방울 채취 노력봉사에 다녀온 아이들에게 우동을 한 그릇씩 만들어주기도 했고, 종이 연극을 함께 하기도 했습니다.

제가 조선 아이들을 차별하지 않았다고 해서 책임이 없는 것은 아닙니다. 아이들을 데리고 방공연습을 했고, 군사훈련도 시켰습니다. 장교가

스기야마 토미가 교직 생활을 했던 옛 달성국민학교 교정, 왼쪽 2층 건물이 일제강점기에 사용했던 건물의 일부

– 출처: 필자 촬영, 2011년 12월 9일

인터뷰집 『스기야마 토미』

7. 어쩌자고 그 먼 곳에 어린애를 보냈단 말입니까 · 39

와서 아이들에게 군사 행진을 지도했습니다. 국방헌금을 강요하고, 반별로 국방헌금 그래프를 그려가며 독려했습니다. 직원 조례시간에는 『필승독본』이라는 책을 돌려가며 읽었습니다. 이런 학교에서 저는 교사였습니다. 국방헌금 담당자로부터 '국방헌금 덕택에 비행기 한쪽 날개가 생겼다'는 말을 듣고 기뻐했지요.

달성국민학교에서 가르칠 때 우리 반 아이 한 명이 도야마에 여자근로정신대로 간 일이 있었습니다. 당시 달성국민학교는 학생이 2천 명 가까이 되는 큰 학교인데, 정신대로 간 아이는 단 한 명이었습니다. 보내려는 열의가 학교마다 다르지 않았나 싶습니다. 교장 선생님은 미술을 전공해서 그런지 마음이 느긋했던 것 같아요. 그래서 정신대로 아이들을 보내라는 압박이 별로 없었습니다.

당시 졸업한 여학생반은 단 한 반이었습니다. 제가 4, 5학년 때는 K선생님이, 6학년 때는 M선생님이 담임을 했지요. 그러던 중 1944년 1월부터 3개월간 경성여자사범학교 본과 연구과가 생겨서 경북도청의 명령으로 연수를 하게 되었습니다. 연수를 끝내고 학교로 돌아오니 '여자정신대에 학생들을 권유하는 것 같다'는 소문이 들렸습니다. 6학년 담임이었던 M선생님이 그 해 졸업한 마흔여섯 명의 아이들에게 권유하고 있었던 것 같습니다.

결국 아이 한 명이 도야마로 가게 되었어요. 저는 마음에 걸렸어요. 아마 정부 지시가 교장 선생님께 전달되고, 교장 선생님은 그해 졸업한 아이들이 대상이 되다 보니 6학년 담임에게 일단 말을 했을 테고요. 또 그 선생님은 아이들을 모으기 위해 학생들의 집을 돌면서 권유했겠죠.

그 말을 듣고 제가 그 선생님께 "너무 하지 않습니까. 소학교를 졸업했다고는 하지만 아직 애가 아닙니까? 그 먼 곳, 눈도 많이 오는 곳의 공장에 이제 갓 졸업한 어린애를 보낸다는 것이 말이 됩니까?" 하며 화를 냈습니다. 그랬더니 "아니, 그래도 일손이 부족하기도 하고, 홍보 영화를 보면 도서실이나 식당도 굉장히 좋은 것 같던데 뭘 그러십니까?" 하시더군요. 하지만 그 선생님도 들었을 뿐이지 실제 어떤 상황인지 모르고 계셨어요. 홍보 영화만 보고 아이를 보냈으니 무책임한 일이지요. 정신대에 가게 된 아이는 평소에 저를 잘 따르던 아이였는데요. 이 아이와는 50년이 넘어 일본 법정에서 다시 만났습니다.

저는 아이들을 업신여기거나 차별하지 않았고, 조선인 학교에서 근무한 것을 행복하게 여겼습니다. 그러나 당시 교육을 받은 한국인들에게 얼마나 많은 한(恨)을 품게 했을까 생각하면 소름이 돋습니다. 당시에는 몰랐어요. 원래 가해자는 아픔을 모르니까요. 정말로 그때는 전쟁을 위해 충성해야 하고, '짐승 같은 미국과 영국'이라고 생각했어요. 참, 교육이라는 것이 얼마나 무서운 것인가를 새삼 느낍니다. 그렇지만 그때는 잘못했다고 생각하지 못했습니다. 그런데도 전쟁이 끝나고 나서 제자들은 부족한 저를 선생님이라며 무사히 일본으로 돌아갈 수 있도록 도와주었습니다. 수레를 빌려와 짐을 실어주고, 성난 군중 앞에서 두려움에 떠는 저를 구해 주었으며, 그 후에도 일본에 찾아와 주었습니다. 정말 따뜻한 마음이었습니다.

일본으로 돌아간 후 저는 제자들을 만날 때마다, 그리고 많은 한국 사람에게도 늘 사과드리고 있습니다만, 그렇다고 제가 교사로서 했던 일이 없어지는 것은 아닙니다. 그저 목숨이 다하는 날까지 제가 한국에서 했던 일과 한국이 베풀어준 따뜻함을 일본 사회에 널리 알리려고 합니다.

그리고 늘 하는 생각입니다만, 제 영혼은 틀림없이 제가 태어난 한국 땅으로 돌아갈 것입니다."

영화 〈허스토리〉는 도야마로 아이를 보낸 M선생님이 스기야마 토미에게 했던 말을 마치 스기야마 토미가 법정에서 한 발언처럼 각색하였다. 그러나 스기야마 토미는 영화에 등장하는 모습과 달리 오히려 관부재판의 증인으로 출석해 후지코시강재 도야마공장 동원 상황을 생생히 증언했다. 명백한 역사 왜곡이다.

8
특공정신으로 제로센을 만들라

　제로센(零戰). '제로'는 '0(零)'이고, '센'은 전투기의 일본어인 센토기의 '센(戰)'으로 이를 합친 것이다. 제로센의 정식 명칭은 '미쓰비시 A6M 영식(零式) 함상 전투기(Mitsubishi A6M Zero)'다. 미쓰비시가 제조한 이 전투기는 아시아태평양전쟁 말기 침략전쟁의 상징 중 하나로 한때 전투기 조립모형은 일본 쇼핑센터에서 인기가 높았다. 일본의 주력기이기도 했던 제로센이 침략전쟁의 상징이 된 이유는 바로 신푸(神風) 자살특공대원 때문이었다.

　제2차 세계대전사에서 무모하고 극단적인 방법으로 청년들을 죽음으로 몰아넣은 대표적인 사례는 가미카제라 불리는 신푸자살특공대다. 물론 자살특공대가 신푸만은 아니다. 제로센은 조종석과 연료탱크에 방탄(防彈) 갑판을 떼어내 무게를 줄여 기동력과 항속거리를 늘렸는데, 아시아태평양전쟁 후반에는 기체를 상대 전투함에 자폭하는 자살공격

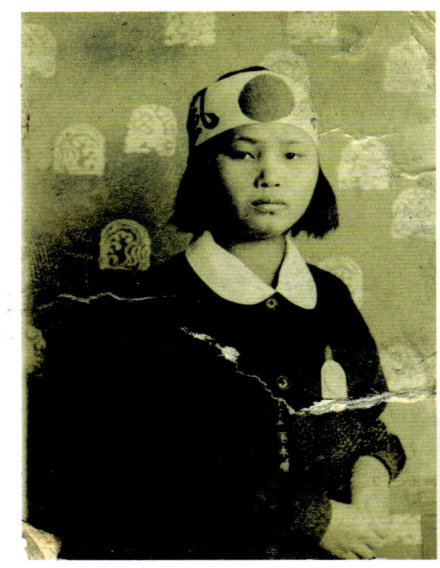

미쓰비시중공업 나고야항공기제작소에 동원된
이순남
- 출처: 국무총리 소속 일제강점기 강제동원 피해조사 및
국외 강제동원 희생자 등 지원위원회, 2012,
『조각 난 그날의 기억』, 65쪽

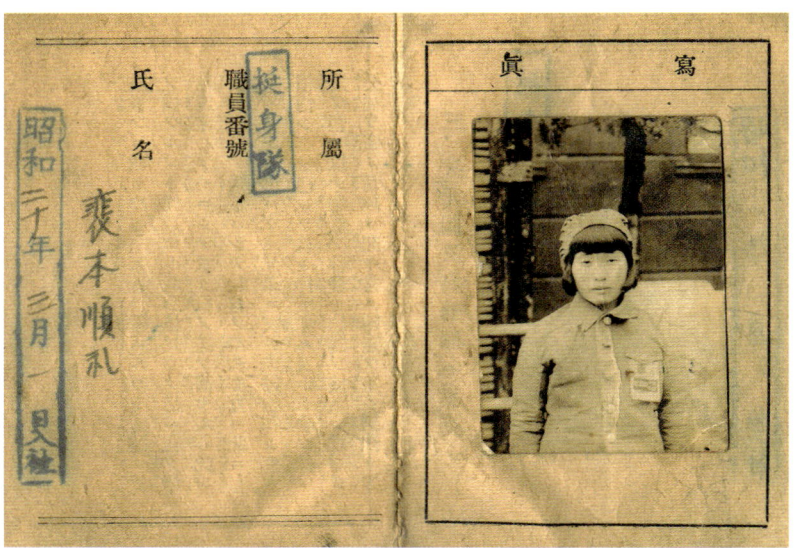

후지코시강재로 동원된 배순례의 신분증
- 출처: 국무총리 소속 일제강점기 강제동원 피해조사 및 국외 강제동원 희생자 등 지원위원회, 2012, 『조각 난 그날의 기억』, 65쪽

용으로 활용했다.

그런데 갑자기 웬 제로센 이야기인가. 제로센에는 조선 소녀들의 땀과 눈물이 담겨 있기 때문이다. 제로센 부품 가운데 하나는 조선여자근로정신대라는 이름으로 낯선 일본 땅, 미쓰비시중공업 나고야항공기제작소에 동원된 소녀들이 만들었다.

조선여자근로정신대가 제로센 부품만 만든 것은 아니었다. 후지코시강재에서는 총알과 총구를 깎고, 각종 무기 부품을 만들었다. 도쿄아사이토방적에서는 대포 위장용 커버, 낙하산과 비행기 날개용 천도 만들었다. 고작 열두 살 남짓한 꼬맹이들의 고사리 같은 손으로….

조선여자근로정신대라는 이름으로 고향을 떠나 일본에 와서 비행기와 무기 부품, 그리고 낙하산 천을 만들었던 아이들에게 공습은 두려움 자체였다. 수십 킬로미터 떨어진 곳까지 걸어서 피난했다가 돌아오는 일은 매일 밤 일상이었다. 공습 속에서도 멈추지 않았던 선반과 베어링 공장의 아이들은 지옥 같은 생활에서 벗어나지 못했다.

전쟁 말기로 접어들자 감독의 화풀이는 더욱 심해졌다. 화장실에서 조금만 오래 있어도 매질이 이어졌다. 그나마 조선 남자 노무자들이 있던 곳은 덜했다. 후지코시강재 도야마공장에서도 조선 남자들이 일하던 공장에서는 매질을 못 했다고 한다. 아무래도 조선 남자들이 감독자보다 훨씬 덩치가 크고 인원이 많아 함부로 하지 못한 것이다. 그러나 같은 후지코시강재에서도 조선 남자들이 전혀 없었던 선반·기계 공장에서는 매질이 심했다. 여자아이들만 있는 곳이라 거칠 것이 없었다. 그런 고통 속에 소녀들은 열심히 몸을 움직여 무기 부품과 낙하산 천, 대포를 덮을 천막 등을 만들었다. 그리고 제로센을 완성했다.

9

학교가 아니라 군수공장이었다
– 미쓰비시중공업 나고야항공기제작소

　미쓰비시는 미쓰이, 스미토모와 함께 근대 일본 3대 재벌이자 이중에서도 으뜸으로 꼽혔던 그룹이다. 일본은 물론, 조선과 남사할린, 중국 만주와 동남아시아에도 쓰리 다이아몬드 문양의 미쓰비시 깃발이 휘날렸다. 일본군의 뒤를 따르며 이득을 챙겼다.

　1873년, 시코쿠(四國) 도사(土佐)번[현재 고치(高知)현]에서 출생한 하급 무사 이와사키 야타로(岩崎彌太郞)가 설립한 미쓰비시상사는 일본이 벌인 국내외 전쟁을 통해 성장했다. 특히 아시아태평양전쟁 기간 중 미쓰비시조선, 미쓰비시제지, 미쓰비시상사, 미쓰비시광업, 미쓰비시은행, 미쓰비시전기, 미쓰비시항공기, 미쓰비시타르공업, 미쓰비시제강 등을 설립하며 75개사를 거느린 재벌로 급부상했다. 모든 것이 전쟁이 가져다준 그야말로 '전쟁을 먹고 큰 괴물'이었다.

　75개 계열사 가운데 하나가 미쓰비시중공업이다. 미쓰비시중공업은 전쟁 기간 중 나카지마(中島) 비행기, 가와사키(川崎) 항공기와 함께 3대 항공기 생산회사로 손꼽혔다. 침략전쟁이 확대되며 항공기 수요가 증가하자 미쓰비시중공업은 더욱 번창했다. 37개 계열사 가운데 6개가 항공기 제작과 관련된 일을 했다. 아이치(愛知)현 나고야(名古屋)와 구마모토(熊本)현, 오카야마(岡山)현 등지의 공장에서 항공기를 생산했다. 나고야항공기제작소는 세 군데로 확장했으며, 동구의 본사 외에 오에(大江)공장과 도토쿠(道德)공장도 운영했다.

나고야항공기제작소는 1942년부터 조선 소녀들을 동원하기 시작해 1944년 6월에 가장 많이 동원했다. 조선 소녀들은 주로 도토쿠공장과 오에공장에 끌려갔다. 도토쿠공장에는 전남, 오에공장에는 충남의 소녀들이 갔다. 얼마나 많은 소녀가 나고야항공기제작소에 동원되었을까. 어떤 자료에는 약 300명이라고 하고, 또 어떤 자료는 272명이라고 한다. 그러나 모두 정확한 숫자는 아니다.

나고야항공기제작소는 자살특공대원을 실어 날랐던 제로센을 비롯한 전투기를 만들었다. 1944년 12월 자료에 의하면, 건물이 2만 평이었고, 공작기계는 3,800대였다고 한다. 당연히 미군의 공습 대상지였다. 그런데 공습보다 먼저 맞은 시련은 지진이었다. 1944년 12월 7일에 발생한 진도 7.9의 도난카이 대지진으로 도토쿠공장이 무너지면서 6명의 전남대 소속 조선 소녀가 사망했다. 이 공장에서 사망자가 발생한 이유는 벽돌 건물의 방직공장을 급히 개조하면서 기둥을 많이 제거했기 때문이다. 비행기 제작을 위해 넓은 공간이 필요하다는 이유였다. 사람 목숨보다 중요한 것은 비행기 생산이었고, 그보다 더 중요한 것은 사망한 조선 소녀를 이용한 선전이었다.

부상하고도 치료받지 못했던 소녀는 집에 돌아온 지 1주일도 지나지 않아 세상을 떠났다. '가나우미 메이슈쿠'라는 일본 이름을 가진 전남 목포 출신의 소녀, 1930년생 명숙. 명숙은 1943년 4월 나고야항공기제작소에 끌려가 비행기에 페인트칠하다가 지진을 맞았다. '가운데로 모이라'는 감독의 고함을 듣고 이동하던 중 기둥에 머리를 부딪쳤다. 한동네 친구였던 희정은 허리를 다쳤다. 명숙은 전차를 타고 병원에 가서 응급 치료를 받았으나 집으로 돌아올 수 없었다. 부상한 상태에서도 계속 일해야 했던 명숙은 1945년 10월 25일 고향 땅을 밟았다. 그러나 소녀에게 남은 생은 겨우 1주일이었다. '향년 14세'를 일기로 고인이 되었다.

지진이 일어난 지 6일만인 12월 13일, 미군은 나고야시에 대규모 공습을 감행했다. 미쓰비시중공업 소속 발동기 공장을 목표로 한 것이었다. 공습 여파는 주변 지역까지 미쳤다. 미처 지진의 피해를 수습하기도 전에 맞은 공습의 결과는 참혹했다. 그리고 12월 18일 미군의 공습은 나고야항공기제작소 공장을 파괴했다. 공장만 파괴된 것이 아니었다. 조선 소녀들의 피해도 막지 못했다. 소이탄 파편에 맞아 목숨을 잃거나 방공호 입구에서 화상을 입고 사망했다. 사망자가 몇 명인지 모른다. 인원수를 모르는데 사망자 이름을 알 리 없다. 누가 죽었는지 모르니 우리 사회가 기억할 수도 없다.

공습이 심해지자 미쓰비시는 공장 이전을 결정했다. 일본 주요 도시 가운데 안전한 곳은 아무 데도 없었다. 그런데도 이전하기로 했다. 참으로 무모했다. 1945년 4월, 산속에 지하 공장을 만들기 시작했다. 공습을 피해 산속으로 숨어들 생각을 한 것이다.

미쓰비시중공업이 일부 공장을 도야마로 이전하기로 하면서 나고야

인솔자의 엄한 표정

- 출처: 나고야 미쓰비시 조선여자근로정신대 소송을 지원하는 모임

9. 학교가 아니라 군수공장이었다 미쓰비시중공업 나고야항공기제작소

항공기제작소는 전국으로 흩어지게 되었다. 조선 소녀들은 도야마공장으로 이동했다. 1945년 3월, 도야마현 이미즈(射水)시 다이몬(大門)공장에 전남대를, 도야마현 난토(南礪)시 후쿠노(福野)공장에 충남대를 배치했다. 이들은 여기에서 해방을 맞았고, 1945년 9월과 10월에 귀국했다. 그러나 해방된 조국에서 기다린 것은 따가운 시선이었다. 세상은 꿈 많고 당당했던 소녀들에게 죄인으로 살라 했다.

여자근로정신대로 동원되었던 피해자 가운데 일부는 1992년 12월, 관부재판의 원고로 참여했다. 관부재판은 2003년 3월 25일, 상급 법원인 일본 최고재판소에서 기각되었다. 1999년 3월 1일, 일본 시민단체와 변호인단의 지원 속에서 다른 소송도 시작했다. 일본 법원은 관부재판의 상처를 반복했다. 2008년 11월, 일본 최고재판소는 소송을 기각했다. 일본 법정은 '손해배상과 사죄 광고'를 요구한 피해자들의 목소리를 끝내 외면했다. 기각 사유는 원고에게 청구권이 없다는 것이었다. 일본과는 무관한 한국의 문제라는 의미였다.

그러나 좌절하지 않았다. 이들이 좌절하지 않을 수 있었던 것은 한국 정부인 구 강제동원위원회가 피해자로 판정한 결과 때문이다. 구 강제동원위원회는 42명을 미쓰비시중공업 나고야항공기제작소로 동원된 여자근로정신대 피해자로 판정했다. 이들은 한국 정부가 공식적으로 42명을 피해자로 인정한 점에 결속력을 다지며 한국 법정에서 소송을 시작했다. 2013년 11월부터 한국 법원에서 미쓰비시중공업을 상대로 제기한 3건의 소송은 2018년 11월 29일 대법원 2부 판결을 시작으로 모두 승소했다.

전쟁이 끝난 후 미쓰비시중공업 나고야항공기제작소는 어떻게 되었을까. 미쓰비시 재벌의 지주회사였던 미쓰비시상사는 1946년 지주회사 정리위원회령에 따라 정리 대상이 되었고, 1947년 7월에 연합국군 총사령부(GHQ. 연합국군 최고사령부)가 일본 정부에 내린 각서를 통해 해체 과정을 밟았다.

그러면 전쟁을 통해 이익을 독점한 군수재벌 미쓰비시 그룹은 사라졌는가. 그렇지 않다. 1954년 미쓰비시 그룹은 일본 정부의 배려로 다시 미쓰비시상사라는 간판을 내걸며 화려하게 부활했으며, 여러 계열사도 새 옷으로 갈아입었다. 현재 글로벌 기업으로 성장한 미쓰비시중공업㈜(Mitsubishi Heavy Industries, Ltd.)은 조선의 소녀들을 데려다 자살특공비행기인 제로센을 만들었다는 사실은 꽁꽁 감추고 세계를 상대로 돈을 벌고 있다.

10
법에 묻노라

고 김○옥은 다른 할머니들에 비해 체격이 작고 매우 말랐으나 다부지고, 의협심이 강하고, 주변에 무거운 물건을 들고 다니는 사람이 보이면 얼른 달려가 들어주어야 속이 후련할 만큼 정이 많았다. 또 헌신적이어서 광주민주화항쟁 때도 크게 머리를 다쳤다. 할머니가 나고야 소송의 원고로서 재판부에 제출한 진술서(1999년 10월 1일 나고야 지방 재판소 민사 제4부)에는 속마음을 담지 못한 공식적인 기록이 남아 있다. 하지만 할머니는 생전에 옛이야기를 자주 하며 속마음을 전했고, 구술기록도 남겼다. 만약 법정에서 직접 진술할 기회가 주어졌다면, 구술기록에 남긴 내용처럼 말씀하셨을 것이다.

존경하는 판사님!
저는 1931년 3월 6일, 나주에서 태어난 원고 김○옥입니다. 제 아버지는 나주에서 '영신상점'이라는 소금 판매업을 하고 있었고, 유복했습니다. 제가 다섯 살 때 생모가 사망해 계모와 살았습니다. 네 살 때부터 유치원에 다녔고, 1944년 3월에 나주 대정(大正)국민학교(현재 나주초등학교)에서 일본어와 일본교육을 받고 졸업했습니다. 6학년 때 광주에서 이름 높았던 대화(大和)여학교 입학시험에 응시했지만 낙방했습니다. 원래 대화여학교는 일본인을 위한 학교였고, 조선인이 다닐 수 있는 학교는 아사히(旭)여학교였기 때문에 낙방한 것입니다. 그래도 아버지께 대화여학교에 가고 싶다고 했더니 내년에 또 시험을 쳐 보라고 하셨습니다.

다시 여학교에 응시하기 위해 대정국민학교에서 재습(再習) 과정을 이수하고 있었는데, 1944년 4월 어느 날 마사키 도시오(正木俊夫) 교장과 곤도(近藤) 헌병이 교실에 나타났습니다. 재습이란 일종의 재수생 과정입니다. 그들은 5학년과 6학년, 그리고 재습자들을 모아놓고 "일본에 가면 돈도 벌 수 있고, 좋은 여학교에도 다닐 수 있다"고 했습니다. 이 말을 듣는 순간, '옳지. 내가 비록 시험에는 떨어졌지만 일본에 가서 대화여학교에 합격한 일본 친구보다 더 좋은 학교에 다녀야지'라는 생각에 제일 먼저 손을 들었습니다. 철부지였지요.

그리고는 금방이라도 일본 여학교에 가게 된 것 같은 기쁜 마음에 당장 집으로 달려가 아버지께 말씀드렸습니다. 아버지께서는 놀라시며 "절대 너를 보낼 수 없다"고 완강히 반대하셨습니다. 그러자 학교 선생님이 집으로 찾아와 당국의 정책에 적극적으로 협조해 달라고 했습니다. 당시 아버지는 사업상 일본 경찰과 친교가 있었고, 집 앞이 바로 경찰서였기 때문에 일본 교사 앞에서 반대할 수 없었습니다. 그 앞에서 철없는 저는 보내 달라고 울며 졸랐습니다. 엄마를 일찍 잃은 딸이 애처로운 마음에 아버지는 어쩔 수 없이 승낙하셨습니다.

아버지가 승낙하시자 저는 온 천하를 얻은 양 좋았습니다. 1944년 5월 중순경, 조선인 마쓰야마(松山) 선생님과 곤도 헌병의 인솔로 나주역에서 24명이 출발하던 날, 같이 가는 친구 부모님들이 나오셨는데, 이별하는 자리인지라 울음바다가 되었습니다. 지금도 여섯 명의 이름을 기억하고 있습니다. 저는 아버지께서 손수건으로 눈물을 닦는 것을 보면서도 속으로 마냥 기뻤습니다. 아버지와 헤어지는 섭섭함보다 여학교에 간다는 기쁨이 더 컸기 때문입니다. 나주역에서 기차를 타고 여수로 갔습니다. 친구 부모님들은 그 자리에서 작별했지만 제 부모님은 여수까지 동행했습니다. 여수 미도리여관에서 세 사람이 함께 하룻밤을 묵었습니다. 30엔을 제 주머니에 넣어주시며 잘 가라고 하시던 아버지의 음성은 무척 떨렸습니다. 어린 딸을 멀리 보내는 아버지의 마음이 무척 괴로우셨겠지요. 돌아갈 때 아버지는 눈물을 훔치셨지만 저는 그 뜻도 모르던 철부지였습니다.

다음 날 밤, 여수에서 온 사람들을 포함해 목포, 광주, 여천, 여수, 나주 등지에서 약 140명 정도가 모여 승선했습니다. 제 또래 소녀들이 많이 모인 가운데 우렁찬 군악대 소리로 더욱 흥이 날 정도로 저는 세상 물정을 몰랐습니다. 어디로 가는지 아무것도 모른 채 따라만 갔습니다. 항행하던 중 어뢰가 지나간다고 사이렌이 울렸습니다. 그때 처음 들뜬 기분이 조금은 사라졌습니다. 다음 날 아침 9시경, 시모노세키에 도착해서 기차로 갈아타고 나고야로 갔습니다. 기차 안에서 나고야로 간다는 것과 우리가 '조선여자근로정신대'라는 이름으로 일본에 왔다는 것을 알았습니다.

아직도 건재한 미쓰비시 나고야 항공기 도토쿠 공장

- 출처: 2014년 4월 7일 안해룡 촬영

　미나미구(南區) 도요타초(豊田町)에 있던 나고야 미쓰비시중공업 도토쿠공장에서 우리 숙소는 제4료와(菱和) 기숙사였습니다. 기숙사에는 400명 정도의 소녀들이 있었는데 출신 지역별로 중대와 소대로 나누었습니다. 전남 출신자는 제1중대, 충남 출신자는 제2중대였습니다. 제1중대에서도 나주 출신자는 제2소대였습니다. 기숙사에는 사감이라는 감독이 있었습니다. 다다미 8조짜리 기숙사 방에서 7~8명이 함께 생활했습니다. 6시 기상, 8시부터 오후 5시까지 작업, 12시에 휴식시간이 있었고, 취침은 밤 10시쯤이었습니다. 여름이 되자 모기가 많아 제대로 잘 수도 없었습니다. 일본 아이들에게는 모기약을 주었지만 우리에게는 주지 않았습니다.

도착한 다음 날 즉시 공장에 가서 여러 가지 설명과 주의사항을 듣고 분야별로 배치받았습니다. 기숙사에서 공장까지는 매일 '신풍(神風)'이라는 글씨가 적힌 머리띠를 두르고, 4열 종대로 '우리는 소녀 정신대!'를 부르며 행진했습니다. 비행기 부품에 국방색 페인트를 칠하고, 무거운 짐짝을 운반하는 작업을 했습니다. 환풍기는 없었고, 마스크도 하지 않았기에 페인트 용제 냄새로 머리가 아파 의식을 잃고 쓰러진 적이 있었습니다. 꿈에 그리던 여학교는 없었고, 공부라고는 기숙사에서 일본에 관한 공부와 군가 등을 가르쳐주는 정도였습니다. 급료는 한 푼도 받지 못했습니다.

식사는 일본 소녀들이 먹고 난 후 교대로 먹었습니다. 주식은 콩과 감자가 섞인 밥이었고, 반찬은 절인 매실과 단무지 몇 쪽 정도였는데, 양이 적어서 항상 배가 고팠습니다. 밥이 너무 적으니 조금만 더 달라고 하면 거절했습니다. 배가 고파 물로 배를 채우다가 아버지가 보내주신 콩과 김치 등으로 겨우 견딜 수 있었습니다. 일요일은 휴일이었지만 자유롭게 외출할 수 없었습니다. 편지는 쓸 수 있었지만 검열받아야 했기에 '배가 고프다'는 등 생활의 불편 사항은 쓰지 못했습니다. 그런데도 아버지는 어떻게 알고 먹을 것을 보내주셨지요.

작업 중 감독은 너무 무서웠습니다. 잠시라도 옆을 보거나 말을 하면 고함을 치며 "반도인들은 언제나 이 모양이라니까"라면서 개 때리듯 했습니다. 그렇다면 일본 학생들은 한눈팔지 않았을까요? 절대 그렇지 않습니다. 어린아이들은 다 마찬가지니까요. 그런데도 같이 일하는 자리에서 반도인이라고 차별하였습니다. 지금 생각해도 분한 마음 금할 길 없습니다. 감독이 이렇게 차별하니 일본 아이들도 '조선인은 불쌍해. 왜냐면 지진에 공습에 납작해지니까!'라는 노래를 부르며 놀려대곤 했습니다. 고향 집에서는 늘 좋은 음식에, 좋은 의복에, 남부럽지 않게 실컷 먹고 놀면서 지냈는데, 이게 무슨 일입니까. 나고야에서 일하면서 짐승 취급, 밥 먹을 때는 거지 취급을 받으니 고통스럽고 슬펐습니다.

그뿐 아닙니다. 화장실에 갈 때도 정해진 5분 이내에 자리로 돌아오지 않으면 불호령이 떨어졌습니다. 단 5초만 지나도 얼마나 호통을 치고 뺨을 때리는지 화장실에 가는 것조차 겁이 났습니다. 당시 우리는 일본 국민으로서 일본 교육을 받고, 이름까지 일본 이름으로 바꾸며, 일본 정부가 시키는 대로 굶주려가면서도 어린 몸으로 힘겨운 중노동을 뼈가 빠지게 했습니다. 그런데 일본은 말로는 내선일체를 내세우면서 실제로는 우리를 개돼지로 취급한 것입니다. 교장의 약속은 거짓이었습니다. 천황을 위시한 일본인들에게 철저히 속았습니다. 억울하고 치가 떨립니다.

그리고 조선에서 경험하지 못한 지진과 공습으로 입은 충격과 고통, 공포는 이루 말할 수 없습니다. 1944년 12월 7일, 지진이 발생했습니다. 지반이 약한 나고야 남부지역은 건물 붕괴 등 막대한 피해를 보았습니다. 공장의 큰 건물이 파괴되면서 주위의 친구들이 죽었고, 피투성이가 된 사람들이 여기저기에서 비명을 지르고, 무서운 불길과 물줄기에 어찌할 바 몰라 두려움과 공포에 몸을 떨면서 '어머니, 아버지!'를 부르며 울기만 했습니다. 그 무서운 광경을 어찌 다 표현할 수 있겠습니까.

저도 공장에서 작업하던 중 지진으로 공장 지붕이 무너지는 통에 오른쪽 어깨에 철골이 떨어져 병원에 실려 갔습니다. 우리 중에서도 6명의 사망자가 나왔습니다. 아버지가 두 번이나 오셔서 모든 광경을 보고 집으로 가자고 했지만 따라가지 않았습니다. 고생하는 친구들을 남겨놓고 갈 생각을 하니 선뜻 마음이 내키지 않았습니다. '표창장까지 받았는데, 행여 학교에 보내주겠지' 하며, 일본에 온 희망을 이룰 수 있을지도 모른다는 막연한 기대를 끝내 버리지 못했습니다. 어리석게도 제 판단이 잘못되었다는 것을 인정하고 싶지 않았던 것이지요.

1945년 1월경부터 특히 공습이 심해져 매일같이 밤낮을 가리지 않고 공습경보가 울려 방공호로 피난했습니다. 방공호에도 소이탄이 떨어져 동료 한 명이 사망했습니다. 소이탄은 기숙사에도 떨어져 불이 났습니다. 저는 제 이불로 불을 껐는데, 나중에 새 이불을 주지 않아 이불 없이 지냈습니다.

1945년 봄 무렵, 도야마현에 있는 다이몬공장으로 이전했습니다. 도야마로 간 사람은 전남 출신 130여 명이었고, 충남 출신자들은 어디로 갔는지 모릅니다. 공장에는 야마구치(山口) 사범학교에 다니는 일본 학생들도 와 있었습니다. 그곳에서도 나고야와 같은 생활을 했습니다. 저는 여전히 페인트칠을 했습니다. 다이몬공장 사감은 도토쿠공장 사감보다 더욱 엄격하고 차별이 심했으며, 매질이 잦았습니다. 여름에 모기가 많아서 모기향을 달라고 했는데, 주지 않아 아버지가 주신 돈으로 사러 나갔다가 사감에게 들켜 매를 맞고 벌을 받았습니다. 또 야마구치 사범학교 학생들은 차별적인 말을 심하게 하며 늘 때리고 머리를 잡아당겼습니다. 학교 선생님이 될 사람들이 그 정도이니 일반인들은 오죽했겠습니까. 민족차별은 이루 말할 수 없었지요.

1945년 8월 15일 이후에는 일하지 않았지만 기숙사 생활은 10월까지 계속했습니다. 10월에 여수 출신 정신대원의 아버지가 자기 딸을 데리러 와서 같이 기차와 배를 갈아타고 부산에 도착한 후 기차를 타고 나주로 돌아왔습니다. 미쓰비시에서는 조선에 돌아가면 돈을 주겠다고 했는데, 이후 아무런 연락이 없었습니다.

귀국한 후 광주사범학교에 입학했으나 졸업하지 못했습니다. 아버지가 친일파로 몰려 부산으로 이사해야 했기 때문입니다. 폐결핵에 걸려서 6년 정도 입원 생활도 했습니다. 아마 일본에서 고생한 탓인 듯합니다. 결혼했지만 평생 혼인신고도 하지 못하고 살았습니다. 지금 혼자 광주 근교 화순에서 작은 빵집을 꾸려가고 있습니다.

오늘날까지 한국에서는 정신대를 일본군'위안부'와 같다고 생각하기 때문에, 조선여자근로정신대로 일본에 갔다 왔다는 말은 털어놓지 못하고 살았습니다. 결혼할 때도 발설하지 않았으나 나중에 알려져 결혼생활은 파탄이 났습니다. 나주에서 같이 갔던 친구들도 마찬가지입니다. 교장의 달콤한 말에 속아 일본에 와서 애초의 목적은 하나도 이루지 못하고 결국 제 몸에 남은 것은 폐결핵이라는 중병과 정신적 불안감 등 고통의 후유증과 마음에 쌓인 원한뿐입니다. 일본 정부는 조선의 어린 소녀들을 속여 끌고 와서 감당할 수 없는 중노동을 무자비하게 시켰을 뿐만 아니라 인간 이하의 차별과 학대 속에서 짐승처럼 취급하고도 50여 년이 지나도록 사실 규명도 하지 않고 한마디 사과도 하지 않고 있습니다.

정말 하늘이 노할 일입니다. 일본이라는 나라는 한 조각 양심도 없는 야만국입니다. 제가 교육받았을 때 대일본제국은 영국이나 미국보다도 앞선 선진국이요, 사회질서와 가치관이 바로 선 양심국가라고 배웠습니다. 그러나 일본에서 비참한 경험, 전후 50년 동안 일본 정부가 보인 기만과 무책임함을 직접 체험하면서 그 모든 것이 한낱 구호와 허상에 지나지 않았다는 것을 뼈저리게 느꼈습니다. 나고야 공장에서 일할 때, 공장을 순시하러 온 일본 장관이 제가 일하는 모습을 보며, '일본은 저렇게 열심히 일하는 반도 소녀를 본받자!'라며 칭찬하고 표창장도 주었습니다. 저는 어린아이들을 부려 먹으려고 부린 술책인지도 모르고 더욱 열심히 일했습니다. 그런데 돌아온 것은 무엇입니까.

내가 지금 사는 화순은 탄광지대입니다. 거기서 일하다가 병이 들면 정부로부터 의료보험 혜택을 받고 보상금도 받습니다. 탄광 직원이자 보험료를 내는 사람으로서 당연히 받아야 할 보험이고 보상입니다. 그런데 우리는 대일본제국의 허상에 속아 정신적·육체적 고통을 받으며 중노동을 강요당하고도 급여 한 푼 받지 못한 채 50여 년의 세월을 굴욕과 고통 속에 살고 있습니다. 우리가 낸 후생연금보험은 어디로 갔습니까.

일본 정부와 미쓰비시중공업은 이에 대해 진심에서 우러난 사죄를 하고, 당시 우리들의 임금을 현재 가치로 환산해 지불해야 하며, 우리가 받은 고통에 대한 피해배상을 해야 할 것입니다. 미쓰비시는 우리 조선 소녀들에게 호된 중노동을 시키고도 임금 한 푼 지불하지 않았으면서도 패전 후 기업 재건을 위해 1945년 11월 도리어 일본 정부로부터 보상받지 않았습니까. 우리는 일본 정부의 동정을 바라는 것이 아닙니다. 당당하게 요구하는 것입니다. 일본과 일본인들의 양심을 기대하며, 다시 한번 강력히 요구합니다.

11
학교가 아니라 군수공장이었다
- 후지코시강재 도야마공장

현재 일본의 중견기업인 후지코시강재는 1928년 설립 당시 기계부품과 기계공구를 생산했다. 1934년 해군성 지정공장이 된 후 1938년에는 육·해군 공동관리공장이 되었다. 만주침략 후 군수공장이 되었으니 일찍부터 군수공장이 된 것이다. 후지코시강재는 아시아태평양전쟁을 거치면서 군수산업과 정밀기계공업을 배경으로 날로 번창했다. 1945년 상반기에는 종업원이 36,253명에 달할 정도였다.

후지코시강재에는 얼마나 많은 조선 사람이 동원되었을까. 회사 역사책인 사사(社史)를 보면, 1945년 5월 말에 조선여자근로정신대 1,089명, 남자 보국대 535명으로 기록되어 있다. 이 인원수는 후지코시강재가 주장하는 공식 숫자이자 최소 숫자다. 이들 가운데에는 군무원을 경험했던 소녀도 있었다. 1991년과 1993년, 노태우 대통령의 국빈 방일을 계기로 한국 정부가 일본 정부로부터 받은 자료 중에 『유수명부(留守名簿)』가 있다. 이 명부에는 일본 육군과 군무원으로 징집된 사람의 소속 부대, 제대와 사망, 행방불명이나 사망 추정·도망·전속 등의 일자와 장소, 편입일, 본적지, 유수 담당자 이름과 관계(아버지, 어머니, 형, 배우자 등), 동원 당시 주소 및 징집일, 발령날짜, 이름과 생년월일 등 당사자와 가족의 정보가 담겨 있다. 총 16만 명을 수록한 방대한 기록이다. 일본 정부가 만든 명부에는 성별 구분이 없어 여성을 파악하기는 어렵다. 이름으로 유추할 뿐이다.

육군공원 송영홍자(松永弘子). 『유수명부』에 적힌 이 소녀는 '남선 제17방면군 조선육군화물창 조선육군화물창 창고부대' 소속으로 1932년 2월, 충남 공주에서 태어나 경성부 종로구 청운정(현재 청운동)에 살다가 1943년 9월 육군공원이 되었다. 『유수명부』에 부친을 소녀의 보호자로 기재한 것을 보면 결혼하지 않았음을 알 수 있다. 공원(工員)이란 일본군이 운영하는 직할공장에서 일하는 민간인이다.

조선육군화물창의 주력 부대는 경성에 있었고, 일부 부대는 대전에 있었다. 화물창(貨物廠)이라고 하면 허드레 물건을 관리하는 곳으로 생각하기 쉬우나 군사령부에 소속되어 무기와 탄약 등 물자 보급을 담당하는 부대로 매우 중요한 부대다. 이곳에서 군무원은 하사관과 함께 일했다. 송영홍자가 육군공원이 되었을 당시 나이는 만 열 살이었다. 무기와 탄약을 만드는 일을 하기에는 너무 어렸다.

창씨이름 송영홍자의 본명은 ○오순이다. 이 어린아이가 무슨 연유로 무기와 탄약을 만드는 육군공원이 되었는지 궁금하다. 그런데 더 궁금한 점은 1945년 1월 11일 공원에서 해제된 소녀가 다시 여자근로정신대가 되어 후지코시강재 도야마공장으로 갔다는 점이다. 1945년이면

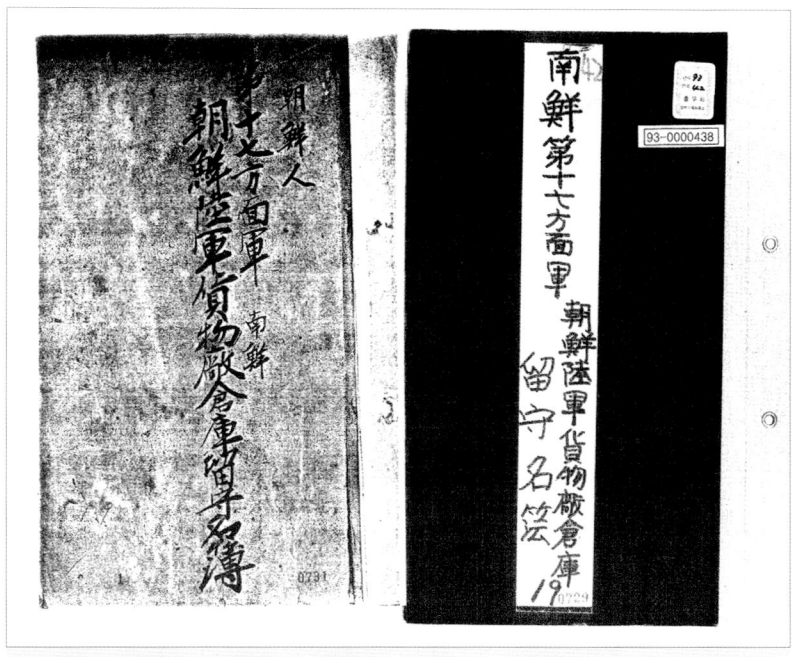

송영홍자(松永弘子)의 『유수명부』 표지

- 출처: 『유수명부』

오순의 나이는 겨우 열두 살이다. 열두 살 소녀가 자발적으로 갔겠는가. 더구나 육군에 소속된 공원이 어디에 가고 싶다고 마음대로 갈 수 있었던 시절도 아니다. 오순의 사례를 통해 후지코시강재에 간 여자근로정신대원들 중에는 군에 소속되었던 민간인이 포함되었음을 알 수 있다.

후지코시강재의 조선여자근로정신대는 1944년 4월경부터 1945년 2월까지 동원했다. 오순은 1945년 1월 11일 도야마로 갔으니 막바지에 간 셈이다. 1944년 4월은 여자정신근로령이 만들어지기 이전이다. 주로 경기(서울, 인천, 개성), 전남과 전북, 경남과 경북, 충남과 충북 등 한반도 이남의 소녀들이 동원되었다. 조선 소녀들은 주로 베어링, 드릴 등 기계부품을 생산하는 공장에서 일했는데, 선반 기계를 담당했다. 일부 소녀들은 부품 검사나 포장 등을 하기도 했다.

1944년 10월, 중부 태평양 전선을 확보한 미군은 일본 본토 공습을 다시 시작했다. 1942년 4월 B-25에 이어 B-29는 질과 양 모든 면에서 강도 높은 폭탄을 일본 전역에 투하했다. 1945년 6월부터 도야마시에도 공습이 이어졌다. 1945년 8월 2일 도야마 공습으로 도시의 90% 이상이 파괴되었다. 비록 후지코시강재 공장은 파괴되지 않았으나 소녀들은 공포가 가득한 밤마다 수십 킬로미터까지 피난을 다녀와야 했다. 그야말로 매일 밤 '고난의 행군'이었다.

1945년 3월, 도쿄 대공습으로 10만 명 이상 사망하고, 일본 주요 도시가 공습 피해에서 벗어나지 못하게 되자, 일본 군수성과 조선총독부는 후지코시강재 소속 공장 가운데 공구공장과 제강소 일부를 조선으로 옮기기로 했다. 군수성 명령에 따라 후지코시강재도 공구공장은 사리원으로, 제강소는 역포로 옮기기로 하고, 6월에 공구공장 이전에 필요한 기계 일부를 보냈다. 7월에는 종업원 가운데 574명을 사리원 공장으로 보냈다. 574명 가운데 420명은 경상도와 경기도에서 온 소녀들이었다. 도야마공장에 남은 600여 명의 소녀들은 1945년 10월과 11월에 귀국선에 올랐다. 흥분된 마음으로 해방된 조국으로 향했다. 고향 산천은 해방의 물결이 출렁이건만 소녀들에게 해방은 쉽게 찾아오지 않았다.

광복 후 피해자 가운데 일부는 일본 시민단체와 변호인단의 지원 속에 소송을 시작했다. 1992년 9월 제기한 '강제연행노동자 등에 대한 미불임금 등 청구 소송(제1차 후지코시 소송)'은 2심까지는 기각되다가

2000년 7월 최고재판소에서 화해가 성립되었다. 환희의 순간이었다. 원고단은 물론 오랫동안 물심양면 지원을 아끼지 않은 일본 시민단체와 변호인단은 환호했다. 노무동원 피해자가 일본 기업을 상대로 한 소송에서 거둔 유일한 쾌거였다. 그 기록은 지금까지도 깨지지 않고 있다.

소송을 지켜본 다른 피해자들은 후지코시강재가 소송을 제기하지 않은 피해자들에게도 미불임금 지급과 보상을 할 것이라 기대했다. 그러나 착각이었다. 회사 측은 다른 피해자들의 청구를 거부했다. 오직 소송을 제기했던 원고들에게만 보상하겠다고 했다. 그러자 다른 피해자들이 제2차 후지코시 소송을 시작했다. 그러나 2003년 4월, 원고 23명이 제기한 소송에 대해 일본 법원은 기각으로 일관했다. 결국 제2차 후지코시 소송은 2011년 10월 24일, 최고재판소의 최종 기각 판정으로 패소하고 말았다.

일본 법정에서 패소한 피해자들은 2014년부터 한국 법원에서 소송을 제기했다. 이들은 한국 정부인 구 강제동원위원회가 피해자로 판정한 결과에 힘입어 절망을 넘어서는 여정을 시작했다. 구 강제동원위원회는 115명을 후지코시강재로 동원된 여자근로정신대 피해자로 판정했다. 후지코시강재를 상대로 제기한 3건의 소송은 모두 1심에서 원고 일부 승소 판결을 받았고, 2019년 1월 18일과 23일, 30일에 2심 확정판결(승소)을 받았다. 이제 대법원 판결을 기다리고 있다.

2012년 일본 정부로부터 받은 노무자공탁금 자료에는 후지코시강재가 소녀들에게 주지 않고 일본은행에 공탁해 놓은 임금, 즉 임금을 일본은행에 맡겨 놓았다는 기록이다(485명, 90,325엔 76전). 여기에는 소녀들 외에 남성 노무자의 미불임금도 포함되어 있다. 그런데 공탁금의 주인을

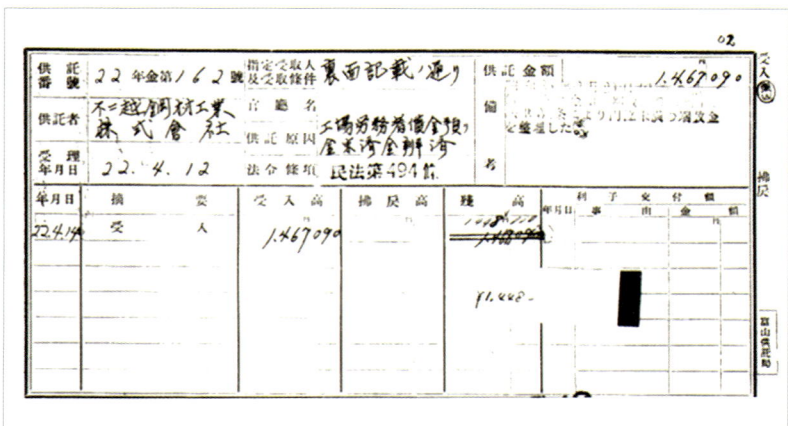

후지코시강재가 소녀들의 임금을 주지 않고 공탁한 문서

- 출처: 일본 법무성

1945년 10월 19일 미군이 촬영한 후지코시강재에 동원된 소녀들의 귀국 모습. 오른쪽에 '귀환 전라북도여자근로정신대'라고 쓰인 깃발이 보인다.

- 출처: 木村秀明, 1983, 『進駐軍が寫したフクオカ戰後寫眞集』, 西圖協出版

485명이라고 못 박았다. 후지코시강재는 회사 역사에 '조선여자근로정신대 1,089명'이라 기록해두었는데 어떤 근거로 이렇게 처리한 것일까.

 후지코시강재는 1963년 ㈜후지코시(不二越, Nachi-Fujikoshi Corporation)로 이름을 바꾸고 현재 기계공구와 산업 로봇, 특수철강 등을 만드는 중견기업으로 사업하고 있다. 중국 공장에서 만드는 산업용 로봇과 '나치(NACHI, 那智)'라는 상표가 붙은 자전거는 일본 전역에서 사용되고 있다. '나치'는 1929년 일본 히로히토 쇼와(昭和)천황이 공장을 방문했던 당시에 앉았던 중순양함의 이름으로 천황 방문을 기념해 만든 상표이다. ㈜후지코시의 역사를 담은 홍보문에는 당당히 나치라는 상표의 연원이 있지만 조선의 소녀들을 동원했다는 표현은 어디에도 찾아볼 수 없다. 대표적인 전범기업 중 하나인 후지코시강재는 조선총독부의 비호 아래 가장 많은 소녀를 동원해 폭력을 일삼았지만 지금까지 단 한 번도 진실 앞에 바로 서지 않고 있다. 소비자가 원하는 제품을 만들 수는 있지만 인간의 최소 도리마저 저버린 전쟁범죄집단일 뿐이다.

12
언니에게 데려다준다고 해서
따라나선 것밖에 없습니다

　제2차 후지코시강재 소송 원고단의 한 사람인 김○주는 언니에게 데려다준다는 일본 교사의 거짓말에 속아 평생을 눈물로 보낸 주인공이다. 지금도 늘 예의 바르고 주변에 친절하지만 일본 정부와 기업을 상대할 때는 누구도 말릴 수 없을 만큼 단호하고 강경하다. 자매는 현재 심한 파킨슨병으로 고통받고 있다.

　1945년 2월, 김○주는 순천남국민학교 6학년 재학 중 후지코시강재 도야마공장에 갔다. 1931년 전남 순천에서 태어난 김○주가 도야마에 간 것은 선생님이 1년 전 근로정신대로 떠난 언니에게 데려다주겠다고 속였기 때문이다. 선생님은 "일본 가면, 언니를 만나 같이 학교도 다니고, 공부도 하고, 네가 일본에서 하고 싶은 일은 마음대로 할 수 있어. 집에 오고 싶으면 언제든지 올 수 있고 얼마나 좋은지 모른다. 언니가 1년 전에 갔으니까, 네가 가서 같이 있으면 참 좋다. 중학교만이 아니라 고등학교도 갈 수 있고, 상급학교에 가는 데 유리하다"고 설득했다. 그래서 떠났다. 평생의 한으로 남을 것이라는 상상은 하지 못했다.

김○주네 집은 순천시 대수정(大手町) 경찰서 바로 앞이었다. 할아버지 때부터 한약방을 해서 동네에서 한약방집 손주라고 불렀다. 한약방 외에 논도 많아서 생활이 풍족했다. 할아버지도 교장 선생님을 하셨고, 당시 같이 살던 작은 아버지도 순천고등학교에 다녔다. 일본에 돈벌이 할 필요가 없는 풍족한 집안이었다. 고모할머니 때부터 미국 사람이 가르치는 순천 매산중학교를 나왔고, 형제들도 모두 공부를 마쳤는데 김○주와 언니만 중학교에 가지 못했다. 학교에 다니던 어느 날 아버지가 진해 군부대에 징용 가셨다. 어머니가 돌아가시고 계모가 있었는데, 아버지가 징용 가시니 마음이 헛헛했다.

그때 오가키라는 일본 선생님이 있었다. 김○주네 집에서 몇 미터 안 되는 거리에 살아 집안 사정을 잘 알고 있었다. 어느 날 선생님이 "아키코상!"하며 부르더니 졸업한 언니를 자기 집으로 불러 달라고 했다. 선생님 댁에 다녀온 언니는 선생님이 일본 나고야에 가라고 한다고 했다. 처음에는 가지 않겠다고 말씀드렸으나 자꾸 불러 설득하니 가기로 하고 몰래 할아버지 도장을 찍어 신청했다.

언니가 일본으로 출발하는 날, 가족들이 알게 되어 할머니가 울고불고 난리를 쳐도 당국에서는 물릴 수 없다고 했다. 아버지도 안 계신 상황에서 언니는 일본으로 떠났고, 이후 편지 한 장도 오지 않았다. 김○주는 언니가 참으로 그리웠다. 밑으로 동생들이 있었지만 나이 차이가 커 이야기 나눌 사람도 없었다.

다음 해 2월, 언니가 떠난 후 1년이 지나 졸업할 때가 되었는데, 담임

선생님이었던 오가키 선생님이 김○주를 부르더니 언니 있는 곳에 가지 않겠냐고 했다. 아버지도 안 계셔서 외로운데 언니가 그립고 해서 가겠다고 하고, 언니처럼 몰래 할아버지 도장을 찍었다. 떠나기 하루 전날, 할머니가 알게 되어 난리가 났다. "이놈의 가시네야. 네 언니 간 것도 원통해서 죽겠는데, 너까지 가려느냐. 네 언니도 가서는 소식이 없는데 어째 가려 하느냐"고 울면서 못 가게 했다. 그 소리를 듣고 바로 옆집의 오가키 선생님이 눈치를 채고 연락했는지 곧바로 군청에서 남자들이 나와 할머니를 데리고 갔다. 어린 김○주는 얼마나 무서웠는지 모른다. 집에 돌아온 할머니는 미숫가루와 구운 피문어를 잘라 주머니에 담아주시고, 속옷과 여벌의 옷도 싸 주셨다. '오고 싶으면 언제든지 올 수 있다'고 했으니 짐은 많이 가져가지 않았다. 평소에 늘 좋은 옷을 입고 살았으니 떠날 때도 좋은 옷을 챙겨 입고 갔다.

이튿날, 김○주는 학교 강당에 서서 대표로 인사말을 하고 출발했다. 김○주네 학교에서 6학년생은 두 명이 갔다. 아침 9시에 순천군청으로 모였는데, 다른 학교에서 온 학생들은 다들 덩치가 큰 언니들이었다. 한 70~80명은 되어 보였다. 김○주 같이 어린 아이들은 순천남국민학교에서 간 두 명밖에 없었다. 졸업장도 받지 못한 채 갔다. 군청에서 할머니가 또 울고 붙잡고 난리를 쳐서 눈물바다가 되었다. 여수에서 부산으로 배를 타고 가서 부산에서 일본으로 떠났다.

다행히 일본으로 가는 도중에 미군의 공습은 없었지만, 심한 뱃멀미에 기진맥진한 상태에서 간신히 시모노세키에 내렸다. 부모님이랑 할머니 생각에 눈물을 펑펑 흘리며 기차를 타고 도야마로 갔다. 참 멀었다.

이튿날 도야마에 가니 아무것도 없는 허허벌판이었다. 기숙사는 있지만 주변이 모두 철조망이었다. 그런데 중요한 것은 언니가 없었다. 언니가 있다고 해서 왔는데 언니는 조선보다 더 먼 나고야에 있다고 했다. 오가키 선생님이 한 명이라도 더 보낼 생각에 속인 것이다. 그런 거짓말을 하면서도 선생이라니 참으로 기가 막혔다. 김○주는 '언니를 보러 왔는데, 언니는 보지도 못하고 이거 순전히 거짓말로 나를 데리고 왔구나' 싶으니 서러워서 또 울었다. 다른 아이들도 학교는 어디에 있냐면서, 기숙사 앞에서 눈물바다를 이뤘다.

기숙사는 2층인데, 한방에 8명씩 들어갔다. 전라도·경상도·강원도에서 온 아이들이었다. 방에는 국방색 이불과 요가 하나씩 있고, 베개는 없었다. 빨간 십자가가 붙은 하얀 위생 주머니가 베개라고 했다. 위생 주머니에는 빨간 소독약, 작은 붕대, 편지지, 볼펜이 각각 하나씩 들어 있었다. 편지지와 볼펜은 있지만 고향에 편지는 보낼 수 없었다. 언제든 집에 보내준다는 약속을 믿고 집 주소도 모른 채 갔기 때문이다. 얼마나 순진했는지 모른다.

기숙사에 들어가니 위아래 한 벌로 남자들 입는 국방색 옷을 주었다. 깃을 바짝 세우고 조끼 단추를 채우고 모자를 쓰는 복장이었다. 그 옷을 입고 1주일 동안 운동장에서 제식훈련을 받고 일본 군가를 배웠다. 멀미로 1주일 동안 먹지도 못하면서 교육받았다. 공장은 기숙사에서 멀어서 한 시간 정도 걸어가야 했다. 그 해는 눈이 참 많이 왔다. 너무 추워서 손이고 발이고 모두 동상이 걸려 새빨갛게 되었다. 세탁한 옷을 널어둘 곳이 없어 주로 숙소 주변을 둘러친 철조망에 널곤 했다. 눈이 펑펑 내리는데, 찬물에 한 빨래를 널고 있노라면 건너편에서 일본 아이들이 '조센징, 조센징!' 하며 놀렸다. 그래서 한번은 아이들에게 "조센징이 무엇입니까? 내선일체는 무엇입니까. 내선일체라고 하면서 왜 우리보고 조센징이라고 합니까?" 하며 소리친 적도 있었다.

아침 5시가 되면 일어나 출동 준비를 했다. 식사는 매일 당번을 정해 현관 앞 주방으로 가서 받아왔다. 동그란 나무 밥통에 한 방 사람이 먹을 만큼의 밥을 받아와 양철 그릇에 나누어 먹었다. 반찬은 딱 한 가지였다. 아침에는 밥과 된장국, 저녁에는 밥과 단무지. 그나마도 점심에는 밥을 주지 않고 손바닥만 한 삼각 빵을 주었다. 식빵 한 조각을 반으로 나눈 것이니 얼마나 작았겠는가. 너무 배가 고파 봄이 되면 운동장의 풀이든 쑥이든 다 뽑아 먹었다. 그러다가 머리가 빠지는 병에 걸린 아이들이 많았다. 지금 생각해 보면 영양실조였는데, 당시에는 장티푸스 같은 역병에 걸렸다고 생각했다. 김○주도 그 병에 걸려 약을 먹었지만 머리카락이 거의 다 빠지다시피 했다. 김○주가 이렇게 작은 것도 다 어린 시절에 영양실조를 겪었기 때문이다.

아침 식사 후 7시에 국방색 옷과 모자를 쓰고, 위생 주머니를 차고, 공장으로 출근했다. 출근할 때는 숙소 현관문 앞에 줄을 서서 사감에게 경례하고 힘찬 목소리로 "다녀오겠습니다!"라고 인사했다. 사감을 선생님이라고 불렀는데, 인사를 마친 후 '이기러 가자!'는 일본 노래를 부르며 공장까지 행진했다.

공장에서는 선반 기계로 총알이나 총구 등 쇠의 표면을 몇 밀리씩 다듬는 가와누키(皮ぬき) 작업을 했다. 기다란 선반 기계를 다뤘는데, 키가 작은 김○주는 사과 상자 두 개를 쌓고 올라가 일했다. 온종일 감독의 지시에 따라 쇠를 깎았다. 권총 쏘는 곳에 들어가는 부품이라고 했다.

후지코시강재 공장에서 소녀들의 선반 기계 작업 모습

– 출처: 국사편찬위원회

기계는 얼마나 무서운지 모른다. 조금만 잘못 만졌다가는 손목이 나갈 수도 있었다. 더구나 키가 작아 짧은 팔로 쇠를 깎는 일을 하기가 참 힘들었다. 그런데 감독은 계속 곁에 서서 빨리빨리 하라고 악을 썼다. 그 소리를 들으면 더욱 무서웠다. 공장은 기름 천지인데, 감독이 뺨을 때리면 작은 몸이 튕겨 나가 기름 바닥에 뒹굴었다.

조선 소녀들이 선반 기계로 쇠를 깎으면, 일본인 보국대원들이 마무리와 포장을 했다. 일본인들은 쉬운 일을 하고 어려운 일은 조선 아이들에게 시켰던 것이다. 일본 아이들은 하얀 밥을 가져와서 먹었는데, 그렇게 부러울 수가 없었다. '아, 나도 고향에서는 하얀 쌀밥을 먹었는데' 하며, 부모님 생각을 했다. 더구나 감독은 절대 일본 아이들을 때리지 않앉으니 더 부러웠다.

　일을 마치고 저녁 5시가 되면 공장 앞에서 줄을 서서 행진하며 숙소로 돌아오지만, 단 한 사람이라도 할당량을 마치지 못하면 6시든 7시든 기다렸다가 같이 와야 했다. 할당량은 나이와 무관하게 모두 같았다. 나이가 어리다고 줄여주지 않았다. 일 년 열두 달 쉬는 날이라고는 하루도 없었다. 워낙 외진 곳이라 탈출은 꿈도 꾸지 못했다. 공장에 있을 때는 어떤 소문도 들은 적이 없었다. 나중에 소송하면서 들으니 공장에서 한 명이 탈출을 시도하다가 잡혀서 일본군 위안소로 갔다고 했다.

　공습 때문에 밤이 되어도 쉴 수 없었다. 공습은 공장일보다 더 힘들었다. 소녀들은 미국 비행기(B-29)를 금빛 날개라 불렀다. 공습은 하루에 한 번 있을 때도 있지만 두 번 있는 날도 있었다. 공습이 없는 날은 없었다. 공습에 대비해 기숙사에서도 신발을 신고 자다가 공습이 시작되면 B-29 비행기를 피해 이불을 머리에 둘러쓰고 매일 수십 리나 되는 길을 걸어 방공호로 피난했다. 방공호는 안에 물이 가득하고 모기가 가득해 들어가 있는 것도 고역이었다. 밤에 어두운 논길을 따라 걷다가 많이 넘어졌다. 소이탄 떨어지는 모습도 보았다. 불빛이 번쩍하는데 사람이 죽고, 말은 배가 터졌다. 새벽에 돌아오면서 밭에서 오이나 참외를 먹을 때도 있었다. 그런 날은 운이 좋은 날이다. 그렇게 돌아오면 어느새 아침이 되어 다시 공장으로 일하러 나갔다. 너무 힘들었다. 밤에는 공습으로 잠잘 수도 없지, 배는 고프지, 부모님 생각은 나지, 숙소에 도착해서 한 아이가 울면 모두 울음바다였다. 안 우는 날이 없었다.

　전쟁이 끝났지만 우리는 해방도 몰랐다. 그냥 촌구석에서 아무것도 모르고 지냈다. 공장에서는 계속 일을 시켰다. 그러다가 10월 말경이 되어 고향으로 왔다. 고향으로 가는 것도 몰랐다. 만약 돌아간다는 것을 알려주었다면 사감에게 맡긴 돈을 찾아왔을 것이다. 소녀들이 도야마에 도착했을 때 가지고 있던 돈을 모두 맡기라고 해서 맡겨두었다. 그런데 고향으로 간다고 알려주지 않았다. 그래서 아무것도 찾아오지 못했다. 자신이 가지고 간 돈도 찾아오지 못했는데 임금을 받았을 리 없다.

누군지도 모르는 여러 사람이 번갈아 가며 소녀들을 인솔했다. 시모노세키까지 기차로 가고, 시모노세키에서 배로 여수에 왔다는데, 아무것도 기억나지 않는다. 그저 졸래졸래 따라왔다. 따라오라는 데로 따라갔더니 어느새 순천이라고 하면서 "여기가 순천이니 집 찾아가라"고 했다. 순천 한복판이 집이라서 찾았지, 아니었으면 못 찾았을 것이다. 얼마나 어리고 바보였는지 모른다. 집에 오니 먼저 온 언니가 "나는 한 달 전에 왔는데, 너는 왜 이렇게 늦게 왔냐. 나는 네가 죽은 줄 알았다"고 했다.

김○주는 입던 옷 그대로 돌아왔다. 일본에 갈 때 입고 간 옷조차 가져오지 못했다. 고향으로 간다는 말이 없어 그대로 나왔기 때문이다. 도야마에서 일할 때 회사에서는 속옷 한 장, 양말 한 짝 준 적이 없었다. 국방색 겉옷과 모자, 그리고 위생 주머니 하나밖에 받은 것이 없다.

집에 돌아온 김*주는 한글을 깨치기 위해 야학을 다녔다. 한글이라고는 국민학교 2학년을 마지막으로, 배우지 않았기 때문에 많이 잊어버렸다. 야학을 다니다 영특하다고 야학선생도 했다. 매산중학교 입학시험에 합격했으나 집에서 보내주지 않았다. 집안 어른의 소개로 순천도립병원 간호사로 가기로 했으나 역시 집안의 반대로 포기했다. 당시 한국에서는 간호사에 대한 인식이 좋지 않았고, 아버지는 한번 집을 나섰으니 얌전히 집에 있으라 했다. 김○주는 지금도 아버지가 원망스럽다. 중학교 진학도, 간호사도 모두 반대해서 결혼한 결과 인생이 완전히 망가지게 되었으니.

1980년대까지 일본에 다녀온 것을 속이고 살았다. 일본군'위안부'라는 이유로 이혼당할 수 있었기 때문이다. 어느새 세상은 이들에게 일본군'위안부'라고 못을 박았다. 갑자기 이혼을 당하고 갓난쟁이 아들과 같이 집을 나와 정말 어렵게 살았다. 서른세 살 여자는 먹고살기 위해 안 한 짓이 없었다. 온갖 물건을 머리에 이고 다니며 행상을 했다. 어느 날, 번 돈으로 봉지쌀을 사서 집에 오다가 빗물에 봉지가 터져 바닥에 흘린 적이 있다. 빗속에서 바닥에 흩어진 쌀 한 톨이라도 놓칠세라 주워 담는데, 쌀은 자꾸 빗물에 씻겨 내려갔다. 어찌나 서러운지 눈물이 멈추지 않았다.

그러나 가난보다 더 한 것은 세상의 손가락질이었다. 소송하기 전까지는 일본 다녀온 이야기를 아들에게도 하지 못하고 살았다. 동생들도 자매가 일본 가서 고생한 것을 모를 정도였다. 지금도 순천경찰서 앞의 집에는 형제들이 살고 있지만, 인연이 끊어진 지 오래다. 이혼을 당하면서 친정과도 멀어졌다. 길을 걸을 때도 좁은 길로만 고개를 숙이고 걸었다. 세상이 무서웠다.

'도대체 내가 무슨 잘못을 저질렀기에 친척들과 멀어지고 자식에게도 거짓말을 해야 하는가. 나는 그저 언니가 보고 싶어서 가라는 데로 순진하게 간 것뿐인데.' 많이 자책했다. 할머니 말을 듣지 않아서 이렇게 됐다고 생각했다. 그러나 더 나쁜 사람은 어린아이를 속인 교사다. 오가키 교사는 양심의 가책도 없이 살았을 텐데 오히려 김○주가 괴로운 삶을 이어가는 것이 불공평하다. 만약 일본 아이들이 그런 일을 겪었다면 일본인들은 가만히 있었을까?

가만히 있을 수 없어 언니와 함께 세상 밖으로 나섰다. 오직 언니와 친구들의 명예를 회복하는 길은 소송이라 생각하고 십 년 가까운 세월 동안 희망을 품고 살았다. 그런데 일본 소송에서 기각당했다. 소송 중 도야마의 후지코시 회사에 갔더니, 중역들은 모두 달아나고 여직원 한 사람만 남아 있었다. 그들 말처럼 당당하다면서 왜 달아난 것인가. 힘없는 할머니들이 무엇이 두려운가. 김○주는 '일본이 진정 선진국이라면 당당하게 우리 앞에 나서야 한다'고 생각한다.

일본도 원망스럽지만 우리 정부에게도 한이 많다. 우리가 일본 시민들이 모은 돈과 변호사들의 무료 변론으로 소송을 하는 동안, 정부는 단 한 번도 관심을 기울인 적이 없었다. 관심은커녕 모른 척했다. 때리는 시어머니보다 말리는 시누이가 더 밉다고, 우리 정부가 더 밉다. 위정자들이 나라를 제대로 지켰으면 우리가 그런 일을 당했겠는가. 나라는 찾았는데, 우리 명예는 왜 이리 찾기 힘든가.

이미 오래전 일이지만, 국회에 호소하러 갔더니 국회의원이란 사람이 경비를 불러 내쫓았다. 다들 국민 세금으로 월급 받고, 좋은 자동차 타고 다니는 사람들이다. 물론 구 강제동원위원회에서 피해자로 판정받은 다음에는 그런 일은 없었다. 청와대에서 불러주고, 국회에서 전시회도 열어주었다. 그러나 그뿐이다. 사진 찍을 일이 필요할 때만 부르는 듯하다.

동네 사람들도 마찬가지였다. 1990년대에 처음 소송을 시작할 적에 소송에 도움이 될까 하고 탄원서 한 장 받으려 해도 아파트 관리사무

소장이 욕을 하며 쫓아냈다. 동사무소에서도 마찬가지였다. 거지도 이런 취급은 당하지 않을 것이다. 탄원서를 받으려 눈물을 쏟으며 다녔다. "그래도 배운 사람은 다르겠지" 하며 이화여대로 갔다. 다행히 학생들이 열심히 서명해 주었다. 선생님들도, 수위도 다 서명해 주었다. 얼마나 고마웠는지 모른다.

　한국에서 구 강제동원위원회로부터 피해자 판정은 받았고, 그 덕분에 김○주 일행이 일본 군수공장에서 일했다는 것이 널리 알려졌다. 그런데 지금도 근로정신대와 일본군'위안부'를 구별하지 못하는 사람이 많다. 영화도 우리를 오해하게 만든다. 아직도 동네에서는 "저기 위안부 할머니 간다!", "저 할머니는 정부에서 돈도 많이 받는다는데" 하고 수군거리고, 어떤 이는 창피하게 소송한다고 통박이다. 우리가 못 할 짓이라도 했단 말인가.

13
학교가 아니라 군수공장이었다
– 도쿄 아사이토방적과 후지방적

　일본 시즈오카(靜岡)현 누마즈(沼津)시에는 1916년에 문을 연 도쿄아사이토방적이 자리하고 있다. 1933년, 도쿄아사이토방적은 만주침략 후 살아난 군수 경기에 힘입어 공장을 증설했다. 공장을 증설해야 했던 이유는 일반인이 입는 옷감을 생산하는 공장이 아니었기 때문이다. 도쿄아사이토방적은 마포(麻布)를 이용한 군대용 텐트와 대포 등을 위장하는 커버, 낙하산과 비행기 날개용 천을 만들었다. 1944년에는 일본 군수성이 지정하는 군수공장이 되었다. 군수성 지정공장이 되면 모든 종업원은 피징용자가 된다.

　도쿄아사이토방적은 일본의 패전 후 계속 운영하다가 1991년 데이진(帝人)㈜가 합병하며 새로운 회사로 탈바꿈했다. 그러나 탈바꿈한 것은 군수회사 이름만이 아니었다. 조선 소녀들을 동원했다는 사실도 덮어 버렸다.

도쿄아사이토방적이 조선 소녀들을 동원한 것은 1941년부터다. 경남 밀양, 양산, 통영, 김해 등지에서 2년 기한으로 13~20세 여성들을 동원했다. 이 가운데 20% 정도는 초등교육을 받았다고 한다. 본격적으로 조선 소녀들을 여자근로정신대로 동원하기 시작한 것은 1944년 4월부터였다. 약 300여 명이 멀리 시즈오카까지 와서 군수물자를 만들었다.

일본이 전쟁의 막바지에 몰리면서 이 공장에도 미군 공습이 끊이지 않았다. 회사는 시즈오카현 순토(駿東)군 오야마(小山)의 후지(富士)방적 오야마 공장으로 소녀들을 옮겼다. 그러나 이 공장이라고 해서 공습을 피할 순 없었다. 1945년 7월 30일 미군기의 기총소사 공격을 받았다. 그러나 결국 해방이 찾아오자 긴장된 분위기 속에서 군수물자를 만들던 소녀들은 9월 귀국 길에 올랐다.

2012년, 구 강제동원위원회가 일본 정부로부터 받은 노무자공탁금 자료에는 도쿄아사이토에서 공탁한 72명(3,183엔 28전)의 미불임금 기록이 있다. 동원된 조선 소녀는 300명이라는데, 고작 72명의 미불임금만 공탁했다. 나머지 사람들의 미불임금은 어디로 갔을까. 이 질문에 대해서는 피해자가 아닌 일본 기업이 답해야 한다. 그러나 도쿄아사이토방적의 후신인 데이진은 긴 침묵을 이어가고 있다.

관부재판에서 1심 일부 승소 판결로 피해보상에 대한 기대감이 높아진 1990년대 후반, 도쿄아사이토로 동원되었던 피해생존자들도 일본 변호인단과 시민단체의 지원 속에 소송을 제기했다. 그러나 시즈오카 지방법원은 1997년 4월에 제기한 '도쿄아사이토방적 누마즈공장 구 여자근로정신대 공식 사죄 등 청구 소송'을 기각했다. 피해자들은 항소했지만 2003년 3월 최고재판소는 최종 기각판정을 내렸다. 일본 소송 패

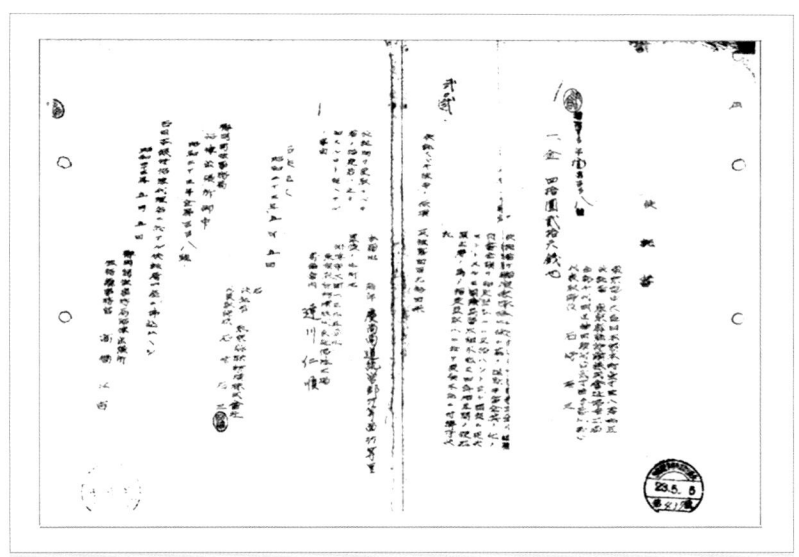

도쿄아사이토 공탁서 일부

- 출처: 일본 법무성

소 후 미쓰비시중공업과 후지코시강재 피해자들은 한국 법원에서 소송을 제기했으나 도쿄아사이토방적 피해자들은 소송을 제기하지 않았다.

이들이 법정을 통해 진실을 새기려 했던 노력은 성공하지 못했다. 그러나 수면 아래 가라앉지 않고 당당히 역사의 기록으로 남았다. 한국 정부 기관인 구 강제동원위원회가 37명을 도쿄아사이토방적에 조선여자근로정신대로 동원된 피해자로 판정했기 때문이다.

14
방적공장인가, 무기공장인가

이곳이 어디란 말인가, 무엇을 하는 곳이란 말인가. 도대체 알 수 없다. 여자정신근로령이 발동되기 전부터 도쿄아사이토방적에는 조선 소녀들이 일하고 있었다. 너무 어려서 어떻게 갔는지 모르지만 군복과 위장 커버를 만들었던 기억은 난다는 소녀들.

두 소녀의 사연을 들어보자. 첫 번째 소녀는 1939년 열 살에 동원된 연진이다. 1928년 11월 경남 하동에서 태어난 연진은 다른 아이들보다 늦게 입학했다. 부친이 지방 유지였는데, 연진이 학교 갈 나이가 되어도 보내지 않다가 어느 날 전근 인사를 온 학교 선생님 권고로 학교에 다니게 되었다. 국민학교 2학년 때인 1939년, 일본에서 조선 사람과 선생님이 학교에 와서 공장에 갈 사람을 데리러 왔다. 그래서 간 곳이 도쿄아사이토방적이었다. 처음에는 학교인 줄 알고 갔는데 가서 보니 공장이었다. 아버지가 동네에서 행세깨나 하는 집이었지만 전혀 몰랐다.

일본에 가니 넓은 들판에 공장이 있었는데, 멀리 후지산이 보였다. 연진은 누런색 몸뻬(もんぺ, 부인들이 일할 때 입는 통이 넓은 바지)를 입고 일했다. 경비가 삼엄하고 너무 어려 탈출은 꿈도 꾸지 않았다. 너무 어리다 보니 자다가 오줌을 싸는 조선 아이들도 있었다. 공장에는 조선인 여성이 있었는데 조금만 수상한 행동을 해도 심하게 야단을 쳤다. 공장에서 관리자를 모두 선생님이라 부르게 했으므로 진짜 선생님인 줄 알았다.

처음 갈 때는 2년 기한이라 했는데 6년 동안 일했다. 처음부터 기계를 죽 놓고 베 짜는 일을 했다. 나무껍질 같은 삼을 삶아 여러 공정을 거치면 목면같이 가는 실이 된다. 이것으로 직물을 만드는데 군대에서 쓸 거라고 했다. 베 짜는 북에 왼손을 다쳐서 지금도 주먹을 쥘 수 없다.

일은 힘들었지만 그래도 1944년까지는 지낼 만했다. 그러다 1945년에 들어서니 공습이 엄청났다. 천지가 진동하고 밤마다 피난 다녀야 했다. 지진인지 공습인지 분간도 할 수 없었다. 어느새 공장에 남자의 모습은 볼 수도 없었다. 모두 다 전쟁터로 나가고 기계 고치는 사람도 없을 정도로 귀했다. 일본 학생들도 몸뻬를 입고 단체로 '정신대'라는 이름으로 일하러 왔다. 조선에서도 정신대가 왔다는데 직접 보지는 못했다.

연진은 이렇게 살다가는 죽을 것 같아 부모님께 부탁했다. 결혼하게 되었으니 집으로 보내달라는 편지를 회사로 보내달라고 했다. 집에서 편지를 보내주었지만 회사에서는 집에 보내주지 않았다. 계속 편지를 써서 보내달라고 했더니 부모님은 사무실에 편지가 쌓일 정도로 열심히 편지를 보내주었다.

그러던 4월 어느 날, 공장 사람이 부르더니 연락선 타는 항구까지 데려다주었다. 혼자가 아니라 결혼한다는 소녀들 몇 명이 같이 나왔다. 간신히 배를 구해줘서 하루 내내 배를 타고 부산으로 돌아왔다. 전쟁이 끝나기 전에 고향으로 돌아온 것은 참 잘한 일이다. 나중에 귀국한 친구들에게 들으니 연진이 돌아온 후 소이탄 공격이 더욱 심해져서 공습으로 공장이 불에 탔다고 했다. 거기 그대로 있었으면 큰일 날 뻔했다. 그 전에 돌아와서 천만다행이다.

두 번째 소녀는 영장을 받고 떠난 남이다. 1929년 경남 진주에서 태어난 남이는 집이 어려워 국민학교도 못 다녔다. 아버지가 일찍 돌아가시고 오빠만 둘인데, 모두 징용 가서 어머니와 단둘이 살았다. 남이가 학교에 보내달라고 하도 성화를 대니 어머니가 2년제 간이학교에 보냈다. 1944년 간이학교에서 일본말을 조금 배우며 지냈는데 영장이 나왔다고 했다. 영장 안 받은 사람은 같은 나이라도 시집 간 사람이었다. 시집 안 간 아이들은 다 영장이 나왔다고 했다. 도쿄아사이토방적 누마즈 공장에 가라는 영장이라고 했다.

면서기인 사촌오빠에게 '영장 취소해 달라'고 했더니, 면서기라도 그런 일은 못 한다고 했다. 이번에 좀 좋은 데로 나온 거니까 가라고 했다. "너는 일본말도 잘하고 똑똑하니까 어디 가도 귀여움을 받을 것"이라며 "바람도 쐬고 오면 사람도 커지고 좋으니 가보라"고 했다. 그 말을 들으니, 이왕 영장 나온 김에 세상 구경 좀 해보자는 마음도 생겼다. 남이는 마음을 단단히 먹고 갈래머리를 싹둑 잘라 단발머리를 하고 갔다. 부산에서 탄 연락선은 3층이었다. 회사 사람은 3층 배의 맨 아래층에 아이들을 집어넣고는 비행기가 와서 배를 뒤집으면 베개를 어떻게 짊어지고 어떻게 하라고 가르쳐줬다. 베개는 일반 베개가 아니라 구명조끼였다.

배를 타고 가는 도중 미국 비행기를 만나기는 했지만 무사히 바다를

건넜다. 맨 아래 선창에 있다가 공습경보 울리면 갑판으로 올라가곤 했다. 갑판에서 보니 동서남북 다 쳐다봐도 하늘과 물이 딱 붙어 있었다. 그것을 보니 갑자기 눈물이 쏟아졌다. 이제 죽는 것인가 하는 생각도 들고, 이렇게 가다가 어찌 될까 하는 생각도 들었다. 그렇게 몇 번을 오르락내리락하며 항구에 도착했다. 공장은 멀었다. 시모노세키에서도 사흘 밤을 기차를 타고 가려니 다리가 퉁퉁 부었다. 후지산 밑에서 내려 줄을 맞춰 졸졸 따라 걸었다. 멀미에, 빈속에 무슨 정신인지 모르고 아픈 다리를 끌고 따라가노라니 슬픈 생각뿐이었다.

공장에 도착해 보니 큰 기숙사가 있었다. 아침저녁으로 식사하고 공장으로 가면 위에서 실을 주르륵 내리는 기계가 있는데 앞에도 있고, 뒤에도 있었다. 공장 안에 달아놓은 큰 스피커에서는 종일 일본 노래가 쾅쾅 나왔다. 밤에는 졸지 말라고 더 크게 틀었다. 주머니에 작은 가위를 넣어 요리조리 포 끈을 자르고, 기계가 잘 돌아가도록 하는 일을 했다. 기다란 기계를 한 사람이 앞뒤로 두고 돌아보면서 하는 일은 어렵지 않았다. 문제는 졸음이었다. 밤낮으로 교대하며 일하는데 밤 근무에 들어가면 아침 8시가 돼야 나올 수 있다. 밤 근무하다가 먼동이 트는 것을 보고 고향의 엄마가 보고 싶어 살짝 뒷문을 열고 나갔더니, 어느새 일본 사람이 쫓아와 벼락같이 소리를 질러댔다. 서러웠다. 그렇게 밤 근무를 하고 나오면 그저 죽겠다 싶었다. 죽기는 죽는데 엄마나 한번 보고 죽으면 좋겠다는 마음만 가득했다.

공장에는 이미 몇 년 전부터 와 있던 조선 사람들이 있었다. 주로 경상도 사람들이었다. 옆 동네인 하동에서 온 언니들은 어린 우리를 예뻐하고 잘 챙겨주었다. 공장에 도착했을 때 봄이라 들에 나가면 고사리며

달래가 지천이었다. 일본 사람들은 이런 나물을 안 먹으니 들에 그대로 두었는데 언니들이 그것을 뜯어 소금에 무쳐주었다. 나물을 캐러 가면 일본 아이들이 돌을 던지며 '조센징, 더럽다'며 욕을 했다. 공장에서는 옷이고 뭐고 준 적이 없다. 가지고 간 옷을 빨아 입으며 지냈으니 좋은 옷이 있을 리 없으나 깨끗이 빨아 입고 지냈다. 그런데도 일본 아이들이 더럽다며 돌을 던지니 어린 마음에 서럽고 서글펐다.

정신대라고 일하러 나온 일본 처녀들도 있었는데 서로 이야기를 나눠본 적은 없었다. 저녁이 되면 일본 처녀들은 집으로 가는데, 기숙사에 남은 남이 일행은 공습경보에 오갈 데가 없었다. 사감은 밖으로 나가라고 소리치는데 나가 보았자 들판이다. 들판에 누워 있으니 비가 부슬부슬 내리는데 자세히 보니 비가 아니라 기름이었다. 천지에 내리는 기름비로 밭에도 기름이 질펀했다. 아무것도 따 먹을 수 없었다. 그런데 시간이 지나자 그저 기름비만 내리는 것이 아니라 불덩이가 내려왔다. 미군 비행기가 기름을 먼저 뿌린 후 폭탄을 떨어뜨린 것이다. 처음에는 공습을 피해 들판으로 갔는데, 나중에는 산에 파 놓은 방공 구덩이 속으로 피신했다. 구덩이에서 보니 작은 비행기가 보였다.

미군 비행기는 사람이 보이면 내려와서 포를 쏘고 가버렸다. 그것을 보고 있으려니, '아 이제는 살아서 고향에 못 가겠구나!' 하는 생각이 들어서 눈물이 쏟아졌다. 미국 비행기가 무서워서 울고, 배가 고파서 울고, 늘 울었다. 쌀이 부족하니 국그릇에 빵을 조금 넣고 끓여서 밥에 말아 먹는데, 후루룩하면 끝이다. 너무 배가 고팠다.

밤마다 미국 비행기가 와서 막 때리던 어느 날, 지진인지 공습인지 뭔일이 일어났는지 갑자기 땅이 흔들리고, 슬레이트 쌓은 것, 벽돌 쌓은 건물이 휘딱휘딱 넘어가고, 담도 넘어갔다. 불더미가 훌렁훌렁 흔들어 제치면서 건물이고 뭐고 다 넘어갔다. 공장이 불에 타버리고, 공장 울타리마저 사라져 온통 난리였다. 회사에서는 소녀들을 오야마에 있는 후지방적공장으로 데려갔다. 오야마공장은 누마즈공장과 비교도 안 될 만큼 작았다. 일단 사람을 옮겨놓기는 했지만 이런 상태에서 제대로 일이 될 리 없었다. 일 시키는 사람도 어찌할 줄 몰랐다. 그렇게 서너 달 있다가 전쟁이 끝났다.

전쟁이 끝나자 일본 사람들이 와서 나가라고 했다. 더는 밥을 주거나 재워 줄 수 없으니 가라고 했다. 오고 싶어 온 것도 아닌데 갑자기 푸대접이다. 가라고 하면서 돌아갈 배를 마련해 주지도 않았다. 함바(합숙소)에서 일하던 전라도 여자와 함께 시모노세키까지 와서 밀배를 얻어 탔다. 정부에서 허가한 배가 아니어서 밀배나 도둑배라고 불렀다. 제대로 된 연락선은 힘 있는 남자들이나 탈 수 있었다. 여자들은 배 구하기가 쉽지 않았다. 가진 돈이 없으니 뱃삯이 있을 리 만무했다. 망설이고 있는데 전라도 여자가 뱃삯도 내주었다. 전라도 여자는 함바에서 일하면서 돈을 좀 모은 모양이었다. 필시 아이들 먹을 식량 줄여서 빼돌린 돈일 텐데, 당시에는 그런 줄도 모르고 고마워했다.

간신히 구한 배는 어찌나 작은지 바다 한가운데에서 갈피를 잡지 못하고 뒤뚱댔다. 처음에는 멀미했는데 배 안에서 사흘을 굶다 보니 토할 것도 없었다. 배에 물이 들어오니 바다 한가운데에서 물 퍼내는 것이 일이었다. 그저 목숨만 구하면 좋겠다는 심정으로 열심히 물을 퍼내며 오다가 쓰시마(對馬島)에 멈췄다. 바람이 심해서 하룻밤 쉬어 가야 한다고 했다. 하룻밤을 쉬었다가 다시 새벽에 출발해 간신히 부산에 도착했다.

빈손으로 왔지만 그런 것을 생각할 여유도 없었다. 무사히 온 것만으로도 감지덕지하며 집으로 갔다. 지금 생각하면 배곯고, 일본 사람들에게 천대받았지만 군인들 시중드는 위안소로 가지 않은 것이 얼마나 다행인가 싶다. 그때도 공장 주변에 조선인 위안소가 많이 있었다고 했다. 다행히 그런 험한 꼴을 당하지 않은 곳에 갔다가 무사히 돌아왔다고 생각한다.

15
인천육군조병창도, 해군공창도 빠질 수 없다

　1944년 3월 7일 조선총독부 기관지 『경성일보』는 4월 10일 자 '여성의 덕을 닦아. ○○항공창 여자공원 입창식'이라는 기사에서 진해에 있는 ○○항공창에 여자공원이 일하기 시작했음을 보도했다. 당시 진해에는 해군 소속의 무기공장인 진해해군항공창과 제51항공창이 있었다.
　이 가운데 제51항공창은 조선진해경비부 소속인데, 현재 진해구 장천동(진해화학 자리)에 있었다. 당시 소속 인원이 1,977명이었고, 아직도 15개소의 군 시설물이 남아 있을 정도로 규모가 컸다. 해군항공창은 1941년 9월 15일 칙령에 따라 10월 1일부터 일본에 설치하면서 진해에도 설치했다.
　또 6월 29일('해군공작부대 견학. 놀랄만한 인내력, 철화에 도전하는 여자공원')에는 진해경비부에서 일하는 여성을 소개했다. 이런 기사는 또 다른 조선총독부 기관지 『매일신보』에서도 찾을 수 있다. 기사는 '동원 생도'

「반도 학도동원 제1회 발동, 인천조병창 입창」
- 출처: 『매일신보』 1944년 5월 10일 자

「병기 만드는 공원 학도, 선진용약 출동」
- 출처: 『매일신보』 1944년 5월 10일 자

또는 '여자공원'이라는 이름으로 보도했는데, 여자근로정신대원의 또다른 이름이기도 하다.

    1944년 3월 20일과 4월 4일, 평양여자근로정신대 제1대와 제2대가 군 소속 공창으로 출동했다. 이 공창은 인천육군조병창 평양제조소를 지칭한다. 5월 8일에는 인천고등여학교와 소화고등여학교 여학생 120명도 남녀 중등학교 생도 360여 명과 함께 부평에 있는 인천육군조병창에 입창했다. 남학생들은 모두 숙소에 입소했고, 여학생들은 숙소 사정으로 일감을 받아다가 학교에서 일하도록 했다.

인천육군조병창은 1941년 개창해 1945년 8월 일본이 패망할 때까지 무기를 만들었던 일본 육군의 군사시설이다. 부평의 제1제조소, 평양제조소 등 두 군데 제조소를 운영했는데, 평양병기제조소는 1918년 도쿄(東京)포병공창 소속의 조선병기제조소로 출발했다.

인천육군조병창은 1939년 9월 1일 부평에서 조병창 건설공사를 시작한 후 1945년 8월 일본이 패망하기까지 조선인을 강제동원해서 건물과 지하시설을 짓고 무기를 생산했다. 이 가운데 여학생은 주로 무기 생산 작업에 동원했다.

〈표 1〉 인천육군조병창 조직

명칭	주요 업무	당시 위치
본부	-	경기도 부천군 부내면 대정리
제1제조소	소총, 총검 생산	경기도 부천군 부내면 대정리
평양제조소	탄황, 항공탄약, 차량기구 생산	평안남도 평양부
경성감독반	감독 검사	경성부 광화문통 경기도청 내
부산감독반	감독 검사	경상남도 부산부 수정가
성진감독반	감독 검사	함경북도 성진부 쌍포정 일본고주파공업 성진공장 내
평양병기보급창 부평분창	-	경기도 부천군 가토리마치

이같이 한반도의 육군과 해군 소속 무기 제조 공장도 여자정신근로대의 동원 작업 현장이었다.

그렇다면 군 소속 무기공장에 동원된 조선여자근로정신대원의 규모는 얼마나 되는가. 또 동원된 군 소속 무기공장은 어느 곳인가.

현재 알 수 있는 내용은 인천 부평과 평양, 그리고 진해에 동원되었다는 사실 정도이다. 구체적인 내용은 조사한 적도 연구한 적도 없다.

16

죽어서도 선전도구가 된 소녀들

　일본의 항공기 공장으로 동원된 여자근로정신대원들은 엄격한 감시 아래 죽도록 일해야 했다. 그러나 죽도록 일해도 상황은 좋아지지 않았다. 만들어야 할 부품의 양은 늘었고, 먹을 것은 너무 부족했다. 공장에서는 알루미늄 식판까지 무기 제작에 써야 한다며 빼앗았고, 식판이 필요 없는 빵을 주었다. 어린 애 손바닥만 한 빵 한 조각으로는 도저히 허기를 채울 수 없었다. 게다가 1944년 12월 7일에 일어난 도난카이 대지진까지 아이들의 목숨을 앗아갔다.

　조선총독부는 지진으로 죽어간 아이들까지 선전의 대상으로 삼았다. 1944년 12월 23일 자 『매일신보』는 '열렬 유언에도 증산'이라는 제목의 기사를 실었다. 아이들의 죽음을 슬퍼하기는커녕 선전도구로 이용한 것이다. 기사 내용만 보면 지진 피해자가 아니라 전사한 군인으로 오해할 정도다. 신문은 죽어가는 두 소녀가 "우리가 죽기 때문에 반도 동무들의 결의가 조금이라도 약해진다면 미안한 일"이라는 유언을 남겼다고 소개했다. 아이를 잃은 부모의 발언도 보도했다. "그 애가 순직한 것을 명예로 생각합니다. 아비로서 더 없는 효도를 받았다는 생각에 기쁩니다. 나라를 위해 일한 것은 일가의 명예입니다." 자식이 죽었는데 기쁘다니. 어느 부모가 이렇게 말했겠는가. 상상도 할 수 없다. 더구나 당시 조선에서는 부모보다 먼저 죽는 자녀는 불효자라 여겼다. 누가 보더라도 다른 사람이 쓴 것이다. 자식의 죽음 앞에서 마음대로 슬퍼하지도, 통곡하지도 못하던 시절이었다.

> **열렬 유언에도 증산
> 두 반도 여자정신대원 최초의 순직**
>
> 목포부 야마테(山手) 여자청년대 오야마(大山福英, 15)와 구레하라(吳源愛子, 15) 두 대원은 목포부 출신의 ○○명과 함께 지난 ○월 나고야 ○○공장의 여자정신대원으로 선발되어 그간 항공기 증산에 정진했는데, 지난 ○월 ○일 순직하였다.
> 두 정신대원들이 순직할 때 최후에 남긴 말은 "우리가 죽기 때문에 반도 동무들의 결의가 조금이라도 약해진다면 미안한 일입니다"라고 하여 전선의 장병과도 지지 않을 최후에 일동은 크게 감격했다. 오야마·구레하라 두 대원의 유골은 20일 오후 2시 그리운 고향 목포에 무언의 개선을 했는데, 목포부에서는 이 존귀한 순직에 감격하여 구민장(區民葬)으로 두 여성의 영령을 위안하기로 하였다.
>
> 목포부 야마테 청년대장 에이무라(岩村武士)의 말
> 나라를 위하여 일하게 됐다고 즐거워하며 간 씩씩한 자태가 눈에 선하다. 오야마와 구레하라는 1년부터 6년까지 우등이었으며, 책임감이 강한 애였다.

이들의 최후가 훌륭했다는 소식을 듣고 감격했다. 순직한 두 사람의 최후를 들은 6년생은 감격하여 전원 자원을 탄원하고 있다. 일선 장병에 못지않은 태도라고 생각한다. 두 사람 모두 비행기 증산에 몸을 바쳐 만족했을 것이다.

오야마 아버지의 말

내 딸이 정신대에 뽑혀 그 손으로 만든 비행기가 얄미운 미영(米英)을 쳐부수는 걸 생각하니 그대로 있을 수 없었습니다. 그 애가 순직한 것을 명예로 생각합니다. 아비로서 더 없는 효도를 받았다는 생각에 기쁩니다. 그리고 그 애는 최후에 뒤를 따르는 동료들에게 결의를 굽히지 말라고 했다 합니다.

구레하라 아버지의 말

나라를 위하여 일한 것은 일가의 명예입니다. 나 몰래 정신대에 지원하여 나중에야 알고 용서했습니다. 지금부터 세상을 떠난 그에게 지지 않도록 나도 국가에 봉공하겠습니다.

투혼, 증산전에 불멸
두 처녀의 순사(殉死)를 총후 전장에 살리라

싸우는 여자정신대 귀감

조선에서 처음으로 국민학교를 졸업한 어린 소녀들로만 된 여자정신대가 전남에서 조직되어 대원 일동은 지난 6월 12일에 용약 광주역을 출발했다. 이들은 미쓰비시항공기 ○○공장에서 비행기 증산에 불철주야 분투하던 중 지난 7일에 뜻하지 않은 사고로 작업장에서 거룩한 두 소녀가 순직했다.

이들은 광주부 명치정 5정목 32번지의 미쓰사와(구 김순례)와 광주부 수기옥정 6번지의 미야모도(구 이정숙)로 미쓰사와 양은 광주 북정국민학교를 우수한 성적으로 졸업하고 여자정신대원에 자진 참가하였으며, 대원 중에서도 모범이었을 뿐 아니라 제4분대장으로 책임감이 강해 칭송이 자자했다. 그리고 광주 호남국민학교를 우수한 성적으로 졸업한 무남독녀로 남부럽지 않은 가정에서 귀히 자란 미야모도 양은 부모의 만류에도 남자로 태어나지 못해 총 메고 싸움하러 못 가니 그 대신 비행기 생산하는 산업 전사가 되겠다는 굳은 결의로 여자정신대원에 참가한 군국의 정열을 가진 소녀였다.

이들은 순직하는 순간까지도 비행기 증산에 좀 더 활동하지 못함을 부끄러워하며, 선반 앞을 떠나지 않았다 한다. 이들의 전투적인 정신에 전 공장은 큰 감명을 받았고, 직장의 꽃으로 사라진 이 두 소녀를 본받겠다는 증산의 열화가 복받치고 있다 한다(기사 속 인물은 미쓰사와 양이다).

「열렬 유언에도 증산」
- 출처: 『매일신보』 1944년 12월 23일 자

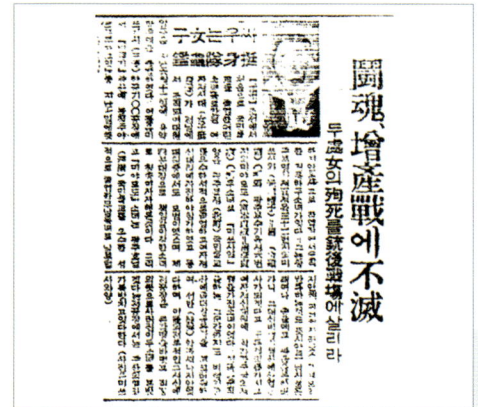

「투혼, 증산전에 불멸」
- 출처: 『매일신보』 1944년 12월 24일 자

다음 날 『매일신보』에 실린 다른 네 명의 소녀 관련 기사('투혼, 증산전에 불멸')도 이와 다르지 않았다. 기사에서는 소녀들이 '순직하는 그 순간까지도 비행기 증산에 좀 더 활동 못 함을 부끄러워하며, 선반(旋盤) 앞을 떠나지 않았다'고 추켜세웠다. 이같이 당국은 사실과 전혀 다른 왜곡보도로 아이들의 명예를 훼손하고, 죽음을 선전도구로 삼았다. 잔인하고 사악한 인간의 모습이 아닐 수 없다.

17

분노와 슬픔을 참을 수 없었다

 2018년 6월, 영화 〈허스토리〉가 개봉했다. 관부재판을 다룬 이 영화는 엔딩 크레딧이 올라갈 때 훌쩍거리는 소리가 들릴 정도로 감동적이었다. 그러나 관련 내용을 아는 사람에게는 마음 불편한 영화였다.
 2018년 10월 2일, 일본 시민단체인 '전후 책임을 묻고 관부재판을 지원하는 모임'은 영화 제작사에 항의 성명서를 전달했다. "재판의 진실을 전하지 못하고 있고, 원고들의 명예에 상처를 입히고 있는" 영화 내용에 대한 항의 표시였다. 성명서에서 일본 시민단체는 "영화를 보고 경악했고, 분노와 슬픔을 참을 수 없었다"라고 했다.

영화 <허스토리> 제작자에게 항의한다!

　우리는 후쿠오카에 살고 있는 '전후 책임을 묻고 관부재판을 지원하는 모임'의 회원들입니다.
　이 영화는 관부재판을 소재로 한 영화라고 선전했는데 변호사도, 지원 모임도 취재하지 않았을 뿐 아니라 원고들조차 취재하지 않았습니다. 이 점을 먼저 말하고 싶습니다.
　우리는 이 영화를 보고 경악했고, 분노와 슬픔을 참을 수 없었습니다. 원고들의 바람과 지원 모임의 바람이 무시되고 왜곡되었기 때문입니다. 관부재판은 일본군'위안부' 피해자와 근로정신대 피해자 등이 원고로서 임했던 재판입니다. 열 분의 원고 중 일곱 분이 근로정신대 피해자입니다. 그분들은 자신들의 피해가 한국 사회에서 정확히 알려지지 않은 가운데 정신대가 곧 일본군'위안부'라는 한국 사회의 인식 속에서 가족들과 지역사회가 주는 편견의 눈초리에 맞서 고독하게 투쟁하고 계셨습니다. 이제 겨우 그 차이와 근로정신대 피해 실태가 인식되게 된 시점에서 그간의 편견을 증폭시키는 이야기를 만들어 근로정신대의 실태를 관부재판에서 지워버린 것은 범죄와 다름없다고 말할 수 있습니다.
　더구나 일본군'위안부' 원고들의 피해 실태에 관한 증언기록이 존재함에도 왜 이 재판과 관계가 없는 몇몇 피해자들의 경험을 짜깁기하여 과다하게 각색했는지 되묻지 않을 수 없습니다. 이런 제작 행태를 생각해 보면, 피해가 심하면 심할수록 좋다는 반일애국주의에 편승한 감독이 피해자의 고통에 귀 기울이지 않은 불성실함과 태만함만 느껴집니다. 또 최고재판소(대법원)에 이의를 제기하며 시모노세키 판결을 내렸던 재판관들의 정의로움과 용기를 전혀 헤아리지 않았습니다.
　절대로 픽션화해서는 안 되는 진실이라는 것이 세상에는 존재합니다. 바로 원고인 피해자들이 법정에서 목숨을 걸고 호소한 '피해 사실'입니다. 영화에서 후지코시에 근로정신대로 동원되어 일본군'위안부'가 된 것으로 설정된 분은 이 재판 원고였던 박SO 할머니입니다. 이분은 1998년 당시 시모노세키 판결이 한국에 보도되면서 지역사회와 교회 사람들로부터 "위안부였던 거네"라는 소리를 듣게 되었고, "창피하니까 재판은 하지 말아요!"라고 하는 가족들의 애원 속에서 분노와 슬픔을 이기지 못하고 가벼운 뇌경색을 일으켰습니다. 훗날 치매 증상을 보이게 된 것은 이때 일이 계기가 된 것이 아닐까 생각하지 않을 수 없습니다.

또 박SO 할머니를 정신대에 보낸 것으로 설정된 스기야마 선생님은 국민학교 4학년 때 담임이었으며, 할머니께서 많이 존경하고 사랑해 온 분입니다. 실제로 정신대로 보낸 교사는 6학년 때 담임, 그러니까 다른 사람입니다. 그런데 영화는 후쿠오카에서 스기야마 선생님과 할머니의 감동적인 상봉 장면을 완전히 다른 스토리—픽션으로 만들어 버렸습니다. 만약 할머니가 살아 계셨다면 얼마나 분노하고 상처받으셨을까요. 스기야마 선생님은 황민화 교육에 관계했던 자신을 깊이 뉘우치고, 한일 간의 진정한 우호 활동에 일생을 바치신 분입니다. 아직 생존 중이신 스기야마 선생님이 이 영화를 우연히라도 만나는 일이 없기를 우리는 기도합니다.

재판이 시작된 이후 우리는 원고들이 회원들의 집 혹은 교회에서 숙박하실 수 있도록 하였습니다. 그곳에서 함께 재판 관련 회의를 했고, 식사했으며, 노래도 불렀고, 춤도 췄습니다. 시간이 지나며 서로 친해지자 그때까지 누구에게도 하지 못했던 고민들을 토로하기도 했습니다. 그러면서 우리는 피해자들이 입은 깊은 상처를 만나기도 했습니다. 그 시간은 원고들과 지원자들 간의 신뢰와 사랑, 존경심이 어우러지면서 우리 모두를 바꿔나가는 과정이 되었습니다. 영화에서 원고들이 여관에서 숙박한 것으로 묘사된 부분과 그곳에서 발생한 일 전부가 감독의 황당무계한 공상일 뿐입니다.

지원 모임이 바랐던 것은 원고들과 함께하고, 함께 싸우고, 일본 사회에 그들의 피해를 알리고, 일본 정부를 향해 해결을 촉구하는 것이었습니다. 그러면서 일본 국내의 '새로운 역사 교과서를 제작하는 모임' 등의 역사수정주의자들과 싸우면서 전쟁피해진상규명법을 국회가 통과시키도록 여러 활동도 했고, 일본군'위안부' 피해자 사죄배상법을 만들기 위해 우리 지역인 후쿠오카에서 국회의원을 배출하기 위한 선거운동도 해왔습니다. 나아가 재판을 통해 만들어진 원고들과의 소중한 인연은 우리 모임의 역량을 넘는 싸움에도 우리를 나서게 했습니다.

그런데 이 영화는 원고들과 지원 모임의 그런 교류와 활동은 전혀 묘사하지 않았고, 당시 존재하지 않았던 우익들의 조롱이나 시민들의 차가운 태도를 여기저기 끼워 넣어 일본 사회에 대한 반감을 부채질하였습니다.

이 영화는 재판의 진실을 전하지 못했을 뿐 아니라 원고들의 바람과 명예에 또 한 번 상처를 입혔습니다. 관부재판을 통해 무언가를 배우려 하지 않았던 영화 〈허스토리〉 제작자에게 통렬한 반성을 요구합니다!

2018년 10월 2일
전후 책임을 묻고 관부재판을 지원하는 모임

항의성명서는 1992년부터 줄곧 피해자들을 위해 활동하는 양심적 일본인들이 보인 반응이었다. 그러기에 항의성명서의 반향은 매우 컸다. 영화 속 주인공(김희애 분)은 얼마 전까지 부산에서 일본군'위안부' 역사관인 '민족과 여성 역사관'을 운영하며 활동했던 실존 인물이다.

그런데 왜 일본 시민단체는 항의성명서를 발표했는가.

영화는 소송을 제기한 근로정신대 소녀들의 피해를 왜곡했고, 스기야마 토미가 보여준 선의의 실천도 왜곡했다. 영화에 등장한 근로정신대 소녀들은 일본군'위안부' 생활까지 강요받은 이중 피해자로 묘사되었다. 물론 근로정신대로 동원한 소녀를 일본군 위안소로 보낸 일은 있었다. 그런데 근로정신대 소녀가 일본군 위안소로 끌려간 이유는 공장을 탈출하려다 잡혔기 때문이다. 탈출자에 대한 가혹한 응징의 한 방법인 것이다. 영화는 모든 근로정신대 소녀들이 겪은 일인 듯 왜곡하여 근로정신대는 곧 일본군'위안부'라는 인식을 만들었다.

영화가 왜곡한 근로정신대는 해방 후 지금까지 근로정신대 피해자들을 옥죄는 사슬이 되었다. 1990년대 초, 한국에서 일본군'위안부'운동이 일어날 당시 사용한 '정신대'라는 용어 때문에 지금까지 일본군'위안부'와 근로정신대 피해자는 혼용되고 있다. 용어 혼용은 단지 '정확한 용어를 사용하지 않는 실수'로 끝나지 않고 사회적 편견으로 이어져 피해자들의 삶을 무너뜨렸다. 일본에 있는 공장에서 일했다는 이유로 가족들에게 버림받는 일은 수없이 많았다.

  소녀였던 할머니들은 지금도 사라지지 않는 한국 사회의 편견을 없애기 위해 노력하고 있다. 이들은 단지 "일본군'위안부'가 싫다"는 것이 아니라 자신들에게 덧씌워진 왜곡과 편견에서 벗어나 당당하게 서고 싶을 뿐이다. 그런데 영화는 근로정신대 피해자들이 받은 상처를 헤집고 왜곡된 내용을 사실인 듯 연출했다. 일본 시민단체가 '경악과 분노와 슬픔'을 참을 수 없었던 이유이다.

18
이제야 말할 수 있다? 아직도 말할 수 없다!

    1944년 8월 23일 여자정신근로령이 공포되기 이전부터 조선의 소녀들은 각종 군수공장에 동원되었다. 조선총독부 당국은 1944년 초부터 초등과정 학교에 다니거나 갓 졸업한 소녀들을 조선여자근로정신대라는 이름으로 부관연락선에 태웠다. 조선에서 동원할 수 있는 마지막 인력이었다. 학교에 다니지 않는 소녀들은 이미 방적공장이나 군수공장, 탄광 등에 가서 일하고 있었으므로 데려갈 수도 없었다. 남은 아이들은 초등과정 재학생이거나 진학을 꿈꾸는 갓 졸업한 소녀들이었다. 당국은 이 아이들을 놓치지 않았다. 교장과 교사가 나서서 상급학교에 진학할 기회라고, 일본의 좋은 여학교에서 공부하며 돈을 벌 수 있다고 아이들을 꾀었다.

    당시 아이들에게 교사의 말은 가장 엄중했다. 부모님이 아무리 반대해도 선생님 말씀은 어길 수 없었다. 선생님 말씀은 아이들의 마음을 움직였다. 집안이 유복해 돈이 궁하지 않았지만 선생님 말씀에 따라 아버지 도장을 훔쳐 지원서를 몰래 제출했다. 부모님이 상급학교 진학을 허락하지 않아 일본으로 가려는 아이, 언니를 만나게 해 준다는 소리에 덩달아 나선 아이도 있었다. 다녀와야 졸업장을 준다거나 급장이니 모범을 보여야 한다는 질책에 할 수 없이 지원서에 도장을 찍은 아이들도 있었다.

　소녀들은 후회하고 자책했다. '아버지 말씀대로 지원서를 박박 찢어 버릴 걸, 나고야까지 아버지가 데리러 왔을 때 못 이기는 척 집으로 따라갈걸.' '아버지 말씀을 안 들어서 이렇게 된 거야. 괜히 언니 보고 싶다고 고집을 부려서 당하는 일이야.'

　후회와 자책은 평생 소녀들의 몫이었다. 자기 반 아이를 지키지 못했다고 반성하거나 소녀들을 데려간 죄를 사과한 일본인 교사도 있었다. 그렇다고 소녀들이 겪은 일은 사라지지 않았다. 남성 중심의 봉건 질서가 뿌리 깊게 자리한 한국 사회에서 소녀들은 자기도 모르는 사이에 행실이 좋지 않은 여자로 낙인찍혔다. '저 집 딸은 일본에 다녀왔다더라'라는 말은 곧 일본군'위안부'로 인식되었다. 결혼할 나이가 되어 오가던 혼담이 갑자기 깨지기 일쑤였고, 이혼당하기도 했다. 겨우 꾸린 가정도 불안하기는 마찬가지였다.

　"하루는 10년 가까이 소식도 없던 남편이 어디서 어린 꼬마 남자아이 셋을 데리고 들어 왔더라고요. 왠 애들이냐고 하니까. 대뜸 성질부터 내는 거예요. '일본에 가서 몸 팔다 온 년이 내가 바람 좀 피웠다고 무슨 죄냐?'고 하면서…"

양금덕의 하소연이다. 평생 사회적 냉대와 편견 속에서 받은 고통의 상흔은 뚜렷하다. 남편이 데려온 아이들을 키우기 위해 여성의 몸으로 광주공원 공사판에 나가 벽돌을 날랐다. 그런데도 생활이 어려워 자신이 낳은 아이는 학교에 보내지 못했다. 그래도 일본 기업을 상대로 소송하며 당당히 세상 앞에 섰다. 하지만 여전히 세상을 등진 채 나서지 못하는 피해자도 적지 않다.

얼마나 많은 조선의 소녀들이 여자근로정신대라는 이름으로 동원되었을까. 이들은 어디로 가서, 어떤 일을 겪었을까.

안타깝게도 정확한 규모나 동원한 기업 현황은 알 수 없다. 2015년 12월 구 강제동원위원회가 문을 닫으며 내놓은 결과는 일본의 미쓰비시중공업 나고야항공기제작소, 후지코시강재 도야마공장, 도쿄아사이토 누마즈(沼津)공장, 일본제철 소속 야하타(八幡)제철소, 나가사키(長崎)의 조선소, 나고야육군조병창, 조선의 방적공장 등이다. 동원 피해 규모는 총 194명이다. 미쓰비시중공업 나고야항공기제작소, 후지코시강재 도야마공장, 도쿄아사이토로 동원된 소녀들이다. 전체가 아니다. 피해자로 판정한 규모일 뿐이다.

가해국 일본 정부는 여전히 모른 척하고 있고, 피해국 한국 정부는 실태조차 파악하지 못하고 있다. 이것이 현실이다.

19

소중한 것
― 법정에 새긴 진실

여자근로정신대 피해자들. 이들은 빈손으로 돌아왔다. 떠날 때 가졌던 꿈과 기대감도 일본 땅에 놓고 돌아왔다. 고향 산천은 변함없었지만, 가족은 외면했고 소녀들은 절망했다. 숨어 지내야 했던 세월은 길었다. 이해할 수 없었다. 가고 싶어서 간 길도 아닌데, 왜 우리가 자책하며 살아야 할까. 억울하고 원통했다. 그렇다고 하소연할 곳도 없었다. 일본군 '위안부' 피해자들의 참상이 알려지면서 오히려 근로정신대에 대한 오해는 깊어졌다. 일본군 '위안부' 피해자를 지원하는 국제단체 이름에 '정신대'라는 단어를 사용하면서 오해는 늘어났다. 일본군 '위안부' 할머니들의 명예를 회복하자는 움직임은 사회적으로 확산하였지만, 근로정신대 피해자들의 명예는 회복될 기미가 보이지 않았다.

이런 막막함 속에서 할머니들의 한탄을 들어주고 세상으로 나오도록 이끌어준 이들이 있었다. 일본 시민과 재일동포들이었다. 숨어 사는 이

도쿄 미쓰비시중공업 본사 앞에서 금요행동 행사를 하기 전, 다카하시 대표의 뒷모습
- 출처: 나고야 미쓰비시 조선여자근로정신대 소송을 지원하는 모임

들을 찾아내 세상을 향한 문을 열어주고 당당하게 외치도록 해 주었다. 십 년이든 백 년이든 지치지 않는다면 끝까지 도와주겠다고 했다. 그저 양심에 따라 하는 일이라고 했다. 이들의 도움을 받아 60년 세월이 지난 1990년대 초부터 용기를 낸 일부 피해자들이 법정에 섰다. 이들은 법정과 세상을 향해 당당하게 진실규명과 명예회복을 요구했다.

그러나 일본 법정은 냉혹했다. 후지코시강재 1차 소송을 제외하고 모두 패소했다. 일본 법원은 1965년 한일협정을 체결했으니 피해자들이 청구해야 할 대상은 일본이 아니라고 했다.

한국 정부가 답해야 할 차례다. 한국 정부는 무엇을 했는가.

2005년부터 피해자로 판정을 내리고, 현지 사망자와 행방불명자에게

1인당 2천만 원의 위로금을, 생존자에게 연 80만 원의 의료지원금을 지급했다. 그뿐이다.

후생연금이란 것이 있었다. 소녀들이 일하는 동안 월급에서 매달 11%씩 떼어서 적립한 돈이었다. 현재 한국의 건강보험과 국민연금을 합한 것과 같은 것이었다. 보험에 가입한 동안 다치거나 사망하면 보험금을 주고, 탈퇴할 때 그동안 낸 돈을 찾아가는 것이었다. 보험을 만든 목적은 노무자를 위한 것이 아니라 일본 정부가 전비에 사용하려는 목적이었다. 또 보험이 있다고 하면 일을 열심히 하게 되니, 일종의 당근으로 사용하려고 한 것이다. 당시 일본에서 일하던 사람이면 일본인이든 조선인이든 가리지 않고 모두 가입했다. 전쟁이 끝난 후 일본인들의 보험은 다른 보험으로 전환되었는데, 고향으로 돌아간 조선인들은 보험을 탈퇴하지 않았다. 소녀들은 그런 보험이 있었다는 것도, 월급에서 보험료를 떼어갔다는 사실도 몰랐다. 보험증서가 있었다고 하는데 본 적도 없었고, 받은 적도 없었다.

양금덕은 구 강제동원위원회를 통해 후생연금보험탈퇴수당금을 조회해 보았다. 그랬더니 '양금덕'이란 이름이 있었다. 양금덕은 2009년 일본 사회보험청 연금보험과에 후생연금보험탈퇴수당금을 신청했다. 어이없게도 그들이 보내온 것은 달랑 99엔이었다. 가입 당시의 액면가라고 했다. 일본인들이나 재일동포들에게 지급할 때는 물가상승 정도를 고려해 상향 지급했다. 그렇다면 후생연금보험탈퇴수당금을 신청한 2009년도의 물가상승을 고려하여 지급해야 할 것이 아닌가. 그런데 왜 가입 당시 액면가로 지급하는가.

항의해도 소용없었다. 일본에서 99엔으로 살 수 있는 것은 아무것도

1999년 일본 법정으로 당당하게 들어서는 원고단
- 출처: 나고야 미쓰비시 조선여자근로정신대 소송을 지원하는 모임

없다. 생수 한 병도 사 먹을 수 없는 돈이다. 양금덕은 그 앞에서 99엔을 던져버리고 돌아섰다. 임금을 주지 않은 것도, 후생연금이 있다는 것도 알려주지 않은 일본이 괘씸했다.

처음에는 외로운 목소리라 생각했다. 그러나 이렇게 외치다 보니 할머니들의 목소리에 돌아보고 달려와 주는 이들이 늘어났다. 중앙 정부에서 주는 돈이 적다고, 매달 의료지원금을 주는 지방도 늘었다. 이들의 지원과 격려 속에 노구를 이끌고 2013년부터 한국 법정에서 소송을 시작했다. 한국 법정은 우리 편 아니던가. 기다리고 기다리다 보니 기다림의 끝이 있었다. 승소였다. 참 오래 기다렸다. 기다림. 누군가에게 기다림은 희망이고 기대감이다. 기다림 속에는 불안함도 있다. 피해자들은

2006년 일본 법정에서 투쟁하는 피해자들

– 출처: 나고야 미쓰비시 조선여자근로정신대 소송을 지원하는 모임

복잡한 심경 속에서 기다림을 이어갔다. 그리고 승소의 기쁨을 맞았다.

드디어 끝을 보았다고 생각했다. 그러나 아직 끝나지 않았다. 다시 희망고문의 시작인가. 판결은 났지만 일본 기업은 꿈쩍도 하지 않았다. 소송을 시작할 때 이런 걱정이 없었던 것은 아니다. 승소한다 해도 일본 기업이 한국 법원이 내린 판결대로 따를 것인가. 기대와 함께 걱정도 있었다. 그 걱정이 현실이 된 것뿐이다. 더구나 2023년 3월 한국 정부는 소송 원고들이 받아야 할 위자료를 일본 기업을 대신해 지급한다고 발표했다. 그럼 일본 기업을 상대로 소송을 제기한 원고의 입장은 어찌 되는가. 답답하고 혼란스럽다.

그렇다고 세상을 향해 외친 이들의 목소리는 헛된 것이 아니었다. 피해자들이 스스로 세상을 향한 문을 열고 나섰다는 점이 중요하다. 더 중요한 것은 판결문을 통해 이들의 진실이 법정에 새겨진 점이다. 세상에 알려진 점이다. 피해자들이 투쟁하여 얻은 소중한 결실이다.

참고문헌

- 『경성일보』, 『동아일보』, 『매일신보』
- 구술기록(김정주·이옥순)

- 20세기 민중생활사연구단, 2011, 『스기야마 토미』, 눈빛
- 국무총리 소속 일제강점하강제동원피해진상규명위원회, 2008, 『구술기록집13- 조선여자근로정신대, 그 경험과 기억』
- 근로정신대할머니와 함께 하는 시민모임 엮음, 2016, 『법정에 새긴 진실』, 도서출판 선인
- 김미정, 2021, 『강제동원을 말한다 – 일제말기 여성노무동원 : 잊혀진 여성들, 기억에서 역사로』, 도서출판 선인
- 김봉식, 2019, 『인물로 보는 일본 역사11 – 고노에 후미마로』, 살림
- 박광준, 2022, 『여자정신대, 그 기억과 진실』, 뿌리와이파리
- 요시다 유타카(吉田裕) 지음, 최혜주 옮김, 2005, 『일본의 군대-병사의 눈으로 본 근대 일본』, 논형
- 정혜경, 2017, 『터널의 끝을 향해』, 도서출판 선인
- 정혜경, 2018, 『일제강점기 조선인 강제동원 연표』, 도서출판 선인
- 정혜경, 2020, 『아시아태평양전쟁에 동원된 조선의 아이들』, 섬앤섬
- 하나후사 도시오·하나후사 에미코 지음, 고향옥 옮김, 2021, 『관부재판』, 도토리숲
- 후지메 유키 지음, 김경자·윤경원 옮김, 2004, 『성의 역사학』, 삼인

- 김경주, 2008, 「아시아태평양전쟁기 일본의 모성에 관한 연구 : 여성동원 수단으로써의 모성의 관점에서」, 숙명여자대학교 일본학과 석사학위논문
- 김윤미, 2008, 「총동원체제와 근로보국대를 통한 '국민개로'-조선에서 시행된 근로보국대의 초기 운용을 중심으로(1938~1941)」, 『한일민족문제연구』14

- 藤原彰, 2001, 『餓死した英靈たち』, 靑木書店

- https://digital.asahi.com/art.../ASP853GT0P75PTIL00F.html...
- https://digital.asahi.com/art.../ASP853HGNP75PTIL00G.html...

찾아보기

• ㄱ •

경성여자사범학교 38, 40
경성일보 29, 31, 32, 89
고치(高知)현 46
관동청 13
관부 7
관부(關釜)재판 7, 8, 42, 50, 80, 97, 98, 100
구 강제동원위원회 14, 29, 50, 65, 77, 78, 80, 81, 104, 107
구레 아야토시(吳文聰) 17
국가총동원법 13, 14, 21, 27, 29
국내필승근로대책 25
국민근로보국협력령 15, 19, 28
국민정신총동원연맹 23
군수성 64, 79
근로보국대 21, 23, 28
근로정신대 6, 7, 98, 100, 101, 105

• ㄴ •

나가사키(長崎) 104
나고야(名古屋) 47, 52, 54, 55, 57~59, 69, 71, 93, 103, 106, 108, 109106, 108, 109,
나고야육군조병창 104
나고야항공기제작소 26, 35, 44, 45, 47~50, 104

난징(南京) 11, 13
남사할린 21, 46
남양청 13
노무동원 19, 21, 65
노무자 14, 45, 65, 107
노태우 대통령 61
누마즈(沼津)시 79

• ㄷ •

다나카(田中) 정무총감 30
달성국민학교 7, 38, 40
대만 10, 13, 17, 29
대법원 6, 7, 50, 65, 98
도야마(富山) 8, 26, 34, 37, 40, 42, 45, 48, 50, 58, 61~64, 68, 70, 71, 75, 77, 104
도요카와(豊川) 해군공창 25
도쿄아사이토방적 45, 79~82, 84

• ㄹ •

러일전쟁 10, 17, 18
루거우차오(盧溝橋) 9
류큐(琉球) 9, 10

• ㅁ •

만주 9, 13, 17, 21, 46
만주침략 10, 13, 18, 61, 79

매일신보 20, 23, 24, 26, 30~34, 36, 89, 90, 92, 95, 96
문부성 17

• ㅂ •
미쓰비시(三菱)중공업(주) 6, 7, 26, 45~48, 50, 51, 55, 60, 81, 104, 106
부관연락선 102
부인노동단 23

• ㅅ •
사회보험청 107
산파규칙 18
스기야마 토미(杉山とみ) 7, 37~39, 42, 99, 100
시모노세키(下關) 7, 17, 54, 70, 75, 85, 87, 98
시오다 국장 26, 33, 36
시오다(塩田) 광공국장 26, 30
시즈오카(靜岡)현 79, 80
쓰시마(對馬島) 87

• ㅇ •
아사히신문 37
아시아태평양전쟁 9, 10, 13, 18, 43, 46, 61
야하타(八幡)제철소 104
양금덕 6, 7, 104, 107, 108
에조(蝦夷) 9, 10
여자광부갱내취업허가제 15, 16, 23

여자근로정신대 6, 26, 32, 34, 50, 65, 80, 105
여자근로관리지침 19
여자정신근로령 16, 19, 25~28, 30, 63, 82, 105
여자정신대 25~27, 29, 30, 33, 40, 93~95
오키나와(沖繩) 9, 10
우한(武漢) 11
유수명부(留守名簿) 61~63
육군공원 62
육군성 13
이시카와(石川)현 25
인천육군조병창 26, 90, 91
일본군'위안부' 6, 59, 76, 78, 98~101, 103, 105

• ㅈ •
제로센(零戰) 43, 45~47, 51
조선여자근로정신대 20, 45, 54, 59, 61, 63, 67, 81, 91, 102, 108, 109
조선육군화물창 62
조선총독부 15, 16, 19~21, 23, 26, 37, 39, 30, 33, 64, 67, 89, 92, 102
중국 9~11, 13, 18, 21, 29, 46, 67
중일전쟁 9, 10, 19, 21

• ㅊ •
청일전쟁 10, 17

총력전 18
최고재판소 7, 8, 50, 65, 80, 98
충칭(重慶) 13

• ㅌ •

특별여자청년정신대 26

• ㅎ •

하이난도(海南島) 11
해군성 61
허스토리 6, 38, 42, 97, 98, 100
홋카이도(北海道) 9, 10
후생연금보험 60

후지(富士)방적 87
후지코시(不二越)강재(주) 6, 7, 26, 34, 35, 38, 42, 45, 61~68, 73, 77, 81, 104, 106

일제침탈사 바로알기 20
전사(戰士)가 되어라, 조선여자근로정신대

초판 1쇄 발행 2023년 12월 20일

지은이	정혜경
펴낸이	이영호
펴낸곳	동북아역사재단

등 록	제312-2004-050호(2004년 10월 18일)
주 소	서울시 서대문구 통일로 81 NH농협생명빌딩
전 화	02-2012-6065
홈페이지	www.nahf.or.kr
제작·인쇄	니케북스

ISBN	979-11-7161-026-6 04910
	978-89-6187-482-3 (세트)

- 이 책은 저작권법으로 보호를 받는 저작물이므로 어떤 형태나 어떤 방법으로도 무단전재와 무단복제를 금합니다.
- 책값은 뒤표지에 있습니다. 잘못된 책은 바꾸어 드립니다.